Tom Chatfield

Wie man im digitalen Zeitalter richtig aufblüht

Tom Chatfield

Wie man im digitalen Zeitalter richtig aufblüht

*Kleine Philosophie
der Lebenskunst*

Herausgegeben von
Alain de Botton und der SCHOOL OF LIFE

Aus dem Englischen von
Henning Dedekind

KAILASH

Die britische Originalausgabe erschien 2012 unter dem Titel
»How to Thrive in the Digital Age« bei Macmillan,
einem Imprint von Pan Macmillan, London.

Verlagsgruppe Random House FSC-DEU-0100
Das für dieses Buch verwendete FSC®-zertifizierte Papier
EOS liefert Salzer Papier, St. Pölten, Austria.

1. Auflage
Deutsche Erstausgabe
© 2012 der deutschsprachigen Ausgabe
Kailash Verlag
in der Verlagsgruppe Random House GmbH
© 2012 The School of Life
Lektorat: Jan Valk
Umschlaggestaltung: WEISS WERKSTATT MÜNCHEN
unter Verwendung verschiedener Motive von © Shutterstock
Satz: EDV-Fotosatz Huber/Verlagsservice G. Pfeifer, Germering
Druck und Bindung: CPI – Moravia, Pohořelice
Printed in Czech Republic
ISBN 978-3-424-63067-1
www.kailash-verlag.de

»Ich ging in die Wälder, weil ich bewusst leben wollte, weil ich mich nur um die grundlegenden Dinge des Lebens kümmern und sehen wollte, ob ich nicht lernen könnte, was es mich zu lehren hätte; damit mir in der Stunde meines Todes die Erkenntnis erspart bliebe, nicht gelebt zu haben. Ich wollte weder leben, was nicht Leben war, denn das Leben ist kostbar; noch wollte ich mich der Resignation hingeben, solange dies nicht unvermeidbar wäre. Ich wollte intensiv leben und das Mark des Lebens aussaugen ...«

Henry David Thoreau, *Walden*

Inhalt

Einleitung 9

1 Von der Vergangenheit zur Gegenwart 19
2 »Ja« und »nein« zur digitalen
  Technologie 39
3 Die Kontrolle nicht verlieren. 57
4 Die Neuausrichtung der Technologie........ 81
5 Wissensverteilung, Sachverstand und
  das Ende der Autorität.................... 99
6 Wie wir uns selbst entmenschlichen 125
7 Spiel und Vergnügen...................... 147
8 Die neue Politik 169

Schluss...................................... 191

Hausaufgaben............................... 203

Bild- und Textnachweise..................... 218

Einleitung

Wir leben in einer Zeit, in der Wunder an der Tagesordnung sind. Es ist daher nicht selten schwierig, sie als etwas anderes zu betrachten als einen Bestandteil des täglichen Lebens. Im August 2011 schrieb der Technologie-Autor und Theoretiker Kevin Kelly in einem Blog:

> Ich musste mich öfter dazu überreden, an das Unmögliche zu glauben ... Wenn man mich vor 20 Jahren dafür bezahlt hätte, einem Publikum vernünftiger, gebildeter Menschen weiszumachen, dass es in 20 Jahren Straßen- und Satellitenkarten der gesamten Welt für unsere Mobiltelefone gäbe – und zwar gratis und für viele Städte sogar mit Straßenansichten –, dann wäre mir das nicht gelungen. Ich hätte nicht erklären können, wie sich ein solches »Gratisangebot« wirtschaftlich rechnet. Damals wäre das vollkommen unmöglich erschienen.

Und wir stehen erst ganz am Anfang der unmöglichen Errungenschaften unseres Zeitalters. Vor uns liegen neue Formen der Kollaboration und Interaktion, deren Gestalt wir nur erahnen können – bedenkt man, dass die Smartphones, die sich in immer mehr Taschen finden, leistungsstärker sind als die meisten Computer noch vor zehn Jahren. Wenn ein weiteres Jahrzehnt verstrichen ist, werden die Menschen ganz selbstverständlich Zugang zu Ressourcen haben, die vor zwanzig Jahren allenfalls Regierungen zur Verfügung standen.

Der Ort dieser Veränderungen ist ebenfalls beispiellos. Fernsehen und Radio gibt es inzwischen seit einem Jahrhundert; der Buchdruck wurde vor über 500 Jahren erfunden. Innerhalb von nur zwei Jahrzehnten seit der Öffnung des Internets für den zivilen Nutzer hingegen haben sich über zwei Milliarden Menschen eingeschaltet; zwischen der Markteinführung der ersten kommerziellen Mobiltelefone und einem Volumen von mehr als fünf Milliarden aktiver Accounts sind gerade dreißig Jahre vergangen.

Dieses intelligente globale Netzwerk wird uns in der Zukunft wahrscheinlich nicht nur miteinander verbinden, sondern auch viele Objekte in unserem Leben – von Autos und Kleidung bis hin zum Essen und Trinken. Durch »intelligente« Chips und zentrale Datenspeicher schaffen wir nicht nur eine lange unvorstellbare Verbindung zueinander, sondern auch zu der Konsumwelt, die uns umgibt, ihren Instrumenten, ihren Schauplätzen, ihren Aktions- und Reaktionsmustern. All das bringt neues Wissen über die Welt mit sich, und zwar in einem ganz neuen Umfang: Informationen darüber, wo wir sind, was wir gerade tun und wie wir sind.

Was sollen wir mit diesem Wissen anfangen? Und – nicht weniger wichtig – was machen andere bereits damit? Regierungen, Unternehmen, Aktivisten, Kriminelle, Gesetzeshüter und Visionäre? Wissen und Macht sind seit jeher eng miteinander verbunden. Heute jedoch stellen Wissen und die Infrastruktur, die sich damit ausbreitet, nicht nur eine Macht dar, sondern auch eine ganz neue Art wirtschaftlich-sozialer Kraft.

Intellektuell, sozial und rechtlich hinken wir der Realität Jahre, wenn nicht Jahrzehnte hinterher. In der Generationenfrage besteht zwischen jenen, die in das digitale Zeitalter hineingeboren wurden, und jenen, die davor aufgewachsen sind, eine Kluft, über welche hinweg sich ein gemeinsames Verständnis und gemeinsame Werte nur schwer artikulieren lassen.

Dieses Buch untersucht die Frage, was es für uns alle bedeuten könnte, in einer digitalen Welt nicht nur zu leben, sondern aufzublühen – »intensiv« zu leben, um es mit Thoreau zu sagen – und das meiste aus den Möglichkeiten zu machen, die sich uns heute auftun.

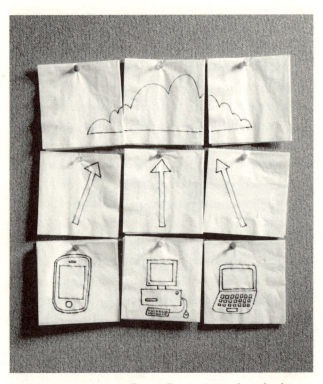

Wir leben in einer Datenwolke: Intelligente Netzwerke verbinden uns nach und nach nicht nur miteinander, sondern auch mit allen möglichen anderen Dingen, von Autos bis zur Kleidung.

Diese Möglichkeiten zu erforschen ist, als erkunde man eine unbekannte Stadt oder einen neuen Kontinent. Wir betreten einen Ort, an dem die menschliche Natur dieselbe bleibt, die Strukturen, welche sie formen, jedoch fremd sind. Die moderne digitale Welt ist genauso wenig einfach eine Idee oder eine bestimmte Auswahl an Instrumenten, wie ein modernes digitales Gerät etwas ist, das man einfach zum Vergnügen oder in der Freizeit anschaltet. Für eine zunehmende Anzahl von Menschen ist es das Tor zu einer Welt, wo Freizeit und Arbeit gleichermaßen stattfinden; zu einer Arena, in der wir unablässig mit Freundschaften, Medien, gewerblichen Situationen, Einkäufen, Recherchen, Politik, Spielen, Finanzen und vielem mehr jonglieren.

Was die Frage betrifft, wie man den Umgang mit diesem digitalen Angebot optimal gestalten kann, so möchte ich zwei miteinander verbundenen Fragen nachgehen: erstens, wie wir uns als Individuen in der digitalen Welt entfalten können; und zweitens, wie uns die Gesellschaft dabei helfen kann, sowohl unser eigenes Potenzial in dieser Welt zu erkennen, als auch, wie wir dort auf möglichst menschliche Weise mit anderen zusammenleben können. Diese Geschichten haben denselben Ursprung, nämlich in der Geschichte digitaler Maschinen.

Danach werde ich eine der zentralsten Fragen zum aktuellen Stand der Technik untersuchen: was es bedeutet, zu den Instrumenten in unserem Leben sowohl »ja« als auch »nein« zu sagen, und das Beste aus uns selbst zu machen, indem wir einerseits die Technik nutzen und andererseits Zeitfenster schaffen, in denen wir sie nicht nutzen.

Des Weiteren werde ich auf die Herausforderungen eingehen, mit denen sich fast alle von uns – ob bewusst oder unbewusst – tagtäglich konfrontiert sehen: Fragen der persönlichen Identität, der Privatsphäre, Kommunikation, Aufmerksamkeit und der Regulierung alles oben Genannten. Wenn es hier einen gemeinsamen Nenner gibt, ist es die Frage, wie die individuelle Erfahrung in die neue Art kollektiven Lebens des 21. Jahrhunderts passt: das »Ich« im Zusammenhang damit, was andere über mich wissen, was ich mit diesen anderen teile und was persönlich und privat bleiben kann.

Die zweite Hälfte dieses Buches untersucht die kulturellen und politischen Strukturen, in deren Kontext diese Interessen zu bewerten sind, sowie die Frage, wie ein akzeptabler »Gesellschaftsvertrag« einer digitalen Bürgerschaft aussehen könnte.

Schließlich werde ich mich der wichtigsten aller Fragen zuwenden: was es bedeutet, in einem Zeitalter gut zu leben, das beispiellose Möglichkeiten sowohl des Narzissmus als auch der Kommunikation mit anderen bietet. Das Wesen der digitalen Technologie ist so vielgestaltig wie unser eigenes und kann in unserem Leben viele Rollen spielen: Es kann uns Zerstreuung bieten, als Bücherei dienen, Trost spenden, Freund, Verführer oder Gefängnis sein. Letztendlich sind diese wechselnden Funktionen aber auch Spiegel, die es uns ermöglichen, uns selbst und andere zu sehen wie nie zuvor. Wir können natürlich auch wegsehen.

1 Von der Vergangenheit zur Gegenwart

1.

Die kurze Geschichte menschlicher Interaktion mit digitalen Geräten ist eine Geschichte stetig zunehmender Intimität; die Geschichte, wie ein verblüffend neuartiges Werkzeug innerhalb eines halben Jahrhunderts im Leben von Milliarden von Menschen Einzug hielt.

Die ersten elektronischen digitalen Computer, die in den vierziger Jahren entwickelt wurden, waren riesige und ungeheuer komplizierte Maschinen, die von einigen der cleversten Köpfe der Welt konstruiert und bedient wurden: Pioniere wie Alan Turing, dessen Arbeit es den Briten während des Zweiten Weltkrieges ermöglichte, verschlüsselte Botschaften der Deutschen zu dechiffrieren. Die nächste Computergeneration, die sogenannten Mainframes, kam Ende der Fünfziger auf. Die fast ausschließlich in akademischen und militärischen Einrichtungen genutzten Mainframes füllten immer noch ganze Räume und konnten nur von Spezialisten bedient werden – die Eingaben waren hoch abstrakte Befehle, die Ergebnisse nichtssagend für alle, die sich in der Computersprache nicht auskannten.

Mit der Erfindung des Mikroprozessors begann sich in den siebziger Jahren all das zu verändern. Bald standen die ersten Computer nicht mehr nur in Forschungseinrichtungen, sondern auch in Privathaushalten. Thomas Watson, der Präsident von IBM, soll im Jahre 1943 einmal gesagt haben: »Ich glaube, es gibt einen Weltmarkt für vielleicht fünf Computer.« Ob er das nun tatsächlich behauptet hat (keine geringere Quelle als Wikipedia erklärt hierzu, es gebe »kaum Beweise« dafür), bleibt strittig. Als der erste Personal Computer der Welt 1971 auf den Markt kam, dachte man jedenfalls, dass auf dem Privatsektor kaum mehr als ein paar tausend Technikfreaks Interesse an solchen Geräten hätten.

Niemand konnte vorhersehen, zu welchem Kassenschlager sich der Computer entwickeln würde. Gegen Ende der Siebziger verkauften sich die neuen Maschinen von Apple, Commodore und Tandy hunderttausendfach. Die digitale Revolution für jedermann hatte begonnen.

Doch selbst das war nur der Anfang einer stetigen Integration menschlich-digitaler Interaktionen. Seit den Siebzigern sind unsere Geräte immer leistungsstärker geworden, immer stärker miteinander vernetzt und immer leichter zu bedienen. Die heutigen PCs sind hunderttausendfach leistungsfähiger als die erste Heimcomputer-Generation, zigmal billiger und unermesslich viel leichter zu bedienen.

Wichtiger als die Leistung ist jedoch die Erfahrung, die diese Maschinen ermöglichen. In dieser Hinsicht steht die große Revolution noch bevor. An die Stelle der Computernutzung im herkömmlichen Sinne – eines Desktops zu Hause oder eines Laptops, den man in einer Tasche mit sich herumträgt – tritt zunehmend etwas anderes: das Smartphone oder der Tablet, die man jederzeit anschalten kann, um ins Internet zu gehen.

Meiner Ansicht nach bewegen wir uns von einer nur »persönlichen« Computernutzung hin zu etwas, das man als »intime Computernutzung« bezeichnen könnte, eine vollkommen neue Stufe der Verschmelzung digitaler Technologien mit unserem Leben. In Cafés und Wohnzimmern werden persönliche digitale Geräte so liebevoll und häufig gebraucht, dass man fast meinen könnte, die Benutzer sähen darin einen Partner oder ein Haustier. Für die Generation der »Digital Natives« ist das Mobiltelefon oft das Erste, was sie morgens nach dem Aufwachen berühren, und abends vor dem Zubettgehen das Letzte.

2.

Jede Technologie verändert uns durch unseren Umgang mit ihr: »Wir formen unsere Werkzeuge, und anschließend formen uns unsere Werkzeuge«, brachte es der kanadische Medientheorie-Pionier Marshall McLuhan auf den Punkt. Von den Anfängen des Ackerbaus bis hin zum Kühlschrank entbanden uns Technologien von der Notwendigkeit des täglichen Jagens und Sammelns, so dass wir Städte bauen und Zivilisationen gründen konnten. Transporttechnologien veränderten unseren Bezug zu Raum und Zeit, indem sie unsere Mobilität erhöhten. Wir sind technologische Geschöpfe. Es liegt in unserer Natur, uns selbst und unsere Welt zu verbessern, uns anzupassen und unseren Horizont zu erweitern.

Seit der Erfindung der Schrift vor 5000 Jahren hat sich die Welt durch »intellektuelle Technologien« verändert, wie sie der amerikanische Soziologe Daniel Bell nannte: Technologien, die es uns gestatten, unseren Geist ebenso zu erweitern, wie Waffen und Kleidung die Möglichkeiten unseres Körpers erweitern. Angefangen von Landkarten bis hin zu Kinofilmen stellen wir Werkzeuge her, die unser Verständnis der Welt, unsere Lern- und Kommunikationsfähigkeiten verbessern und es uns

Dank Technologien wie der Schrift können wir seit Jahrtausenden unseren Geist erweitern.

ermöglichen, unser Wissen und unsere Gedanken weiterzugeben.

Selbst unter solchen Technologien sind Computer einzigartig. Bereits in den dreißiger Jahren hatte Alan Turing die Vision einer Universalmaschine, die jede lösbare Funktion errechnen könnte. Der Computer ist das erste echte Universalmedium, ein Mechanismus von beinahe grenzenloser Flexibilität.

Von Worten bis hin zu Filmbildern kann ein Computer sämtliche anderen Medien simulieren. Mit der richtigen Software kann er Musik, Videos, Bilder und Texte beliebig reproduzieren – und kann diese zu einem Bruchteil dessen, was solche Vorgänge einst gekostet haben, senden und empfangen. Zum ersten Mal in der Geschichte kann ein einziges integriertes System all unsere medialen und kommunikativen Bedürfnisse befriedigen – sprich: alle intellektuellen Technologien in unserem Leben vereinen.

Wenn ich will, kann ich immer noch ins Kino gehen und mir einen Film ansehen, genauso, wie ich Fernsehsender »durchzappen«, ein Buch zur Hand nehmen oder mir auf meinem CD-Spieler eine CD anhören kann. In jedem dieser Fälle jedoch sind diese Handlungen nicht mehr unbedingt notwendig. Da ich ein mit dem Internet verbundenes Gerät besitze, steht mir mit einem Mausklick ein ganzes Universum aus Klängen, Worten und Bildern zur Verfügung. Ob zu Hause oder unterwegs, kann ich von der letzten Folge von *CSI: Miami* über *Moby Dick* bis hin zu endlosen Homevideos von Katzen alles aufrufen. Daneben habe ich von Spielen bis zum Online-Shopping Zugang zu interaktiven Diensten, die kein anderes Medium jemals bieten könnte. Dank dieser Technologie üben wir wie nie zuvor die Kontrolle über unser Leben aus. Und dieser Kontrolle liegen die gewichtslosen, unendlich reproduzierbaren Strukturen der Informationen selbst zugrunde: die Nullen und Einsen der elektrischen Ladung, von denen die Möglichkeiten des Wortes »digital« letztendlich ausgehen.

In der gesamten Menschheitsgeschichte war die Macht der den Geist erweiternden Maschinen stets durch die physischen Gegebenheiten der Realität beschränkt. Vor der Erfindung des Buchdrucks war die Herstellung eines Buches eine Tätigkeit, die Hunderte Stunden handwerklicher Arbeit in Anspruch nahm. Selbst nach Einführung der Druckerpresse begrenzten die verfügbare Papiermenge und ihr Preis, was man mit dem geschriebenen Wort erreichen konnte. Aufgezeichnete Klänge blieben im ersten Jahrhundert ihrer Existenz darauf beschränkt, was sich physisch in eine Substanz wie Wachs oder Vinyl ritzen ließ. Kino und Fotografie basierten auf teuren, knappen physischen Materialien – empfindlichen, leicht entzündlichen, aufwendig hergestellten Filmrollen.

All das gilt heute nicht mehr. Als ich dieses Buch Ende 2011 geschrieben habe, wurde pro Minute Echtzeit schätzungsweise eine Stunde Videomaterial ins Netz hochgeladen. Wir haben uns an den Gedanken des Informationsüberflusses gewöhnt. Während wir – leicht resigniert – zu der Erkenntnis kommen, dass es dort draußen mehr gibt, als wir jemals konsumieren können, wächst die weltweite Summe der gesamten digitalen Informationen weiterhin mit exponentieller Geschwindigkeit an.

Im Jahre 2008 umfasste das World Wide Web schätzungsweise eine Billion Seiten. Drei Jahre später hat es wenig Sinn mehr, diese Zahl überhaupt noch zu schätzen, aber sie beläuft sich auf viele Billionen. In dem halben Jahrhundert seit der Erfindung des Buchdrucks sind etwa hundert Milliarden Bücher veröffentlicht worden, wenn man alle Sprachen und Auflagen zusammenrechnet. Dieser Umfang stellt weniger als ein Monatsvolumen dessen dar, was momentan ins Netz gestellt wird.

Am bedeutendsten ist jedoch die Tatsache, dass digitale Geräte nicht nur in der Lage sind, Informationen

Ein ganzes All im Netz: Es gibt heute mehr Internetseiten als Sterne in unserer Galaxie.

anzuzeigen und wiederzugeben: Sie können diese auch animieren, den Bytes und Algorithmen Leben einzuhauchen. Wenn wir einen Computer programmieren, schaffen wir nicht einfach ein Objekt in der Weise, wie wir es tun, wenn wir ein Buch schreiben, ein Bild malen oder eine Karte zeichnen. Wir setzen ein System in Bewegung, das andere erkunden können, ein System, mit dem man interagieren kann. Wir erschaffen neue Welten.

Das ist vermutlich das zentrale Wunder unseres Zeitalters – und dasjenige, welches am besten erklärt, warum sich menschliches Bestreben, unsere Aufmerksamkeit, Emotion, wirtschaftliche Aktivität und Innovation weiterhin auf die digitalen Technologien richten. So, wie die Städte während der letzten paar hundert Jahre für einen Großteil der Erdbevölkerung als Magneten gewirkt haben, zieht heute die digitale Welt mit ihren mannigfachen Möglichkeiten die Menschen an: mit Simulationen, die uns direkter ansprechen als viele lediglich reale Erlebnisse.

3.

Wenn wir auf bestmögliche Weise mit der Technologie leben wollen, müssen wir erkennen, dass nicht das von uns genutzte Gerät an sich von Bedeutung ist, sondern sein konkreter Gebrauch. Digitale Medien sind Medien des Geistes und des Erlebens. Wenn wir sie uns zunutze machen wollen, müssen wir als Erstes beherzigen, dass wir sie nur dann konstruktiv begreifen können, wenn wir nicht abstrakt von einer Technologie sprechen, sondern von den Erfahrungen, die sie ermöglicht.

Bedenken Sie nur einmal die Routine meiner eigenen digitalen Erfahrung: An einem gewöhnlichen Tag schicke und empfange ich einige SMS, lese oder schreibe 20 bis 30 E-Mails, twittere ein paar Mal und sitze zwischen zwei und zwölf Stunden lang vor dem Computer, wo ich online lese, schreibe und interagiere.

Während ich dies schreibe, stelle ich mir wahrscheinlich dieselbe Frage, die Sie sich beim Lesen stellen: Wohin gehen diese zwei bis zwölf Stunden? Ich kann das nur bruchstückhaft nachvollziehen, am einfachsten in Gestalt von Wortzahlen von Artikeln und Büchern. Die ehrliche Antwort ist jedoch nicht nur, dass ich es nicht weiß, sondern, dass es auch wenig sinnvoll wäre, diese Aktivität in Kategorien wie »soziale Netzwerke«, »Bloggen« oder »Online-Spiele« zu unterteilen. Das wäre etwa so, als wollte ich meine Lesegewohnheiten erfassen, indem ich sagte, ich verbringe zwei Stunden täglich mit Umblättern. In jedem Fall liegt die Signifikanz der Erfahrung woanders.

Wenn ich ein Buch lese und weiß, was und wie lange ich lese, sagt das eine Menge über das Wesen meines Leseerlebnisses aus. Obwohl ich selbst herausfinden muss, was mir ein Buch bedeutet, lese ich doch dasselbe Buch wie alle anderen, und wahrscheinlich auch auf dieselbe Weise, nämlich von Anfang bis Ende. Dabei erzeuge ich nicht einfach ein vollkommen neues Buch mit einer Reihenfolge, die mir gerade passt – das aber ist genau das, was geschieht, wenn ich einen Dienst wie Facebook in Anspruch nehme.

Wenn ich Facebook nutze, bin ich zudem nicht allein. Ich betrete eine Art öffentlichen Raum, in dem ich von Minute zu Minute auf die Menschen und Objekte reagiere, die ich um mich herum vorfinde. Vielleicht aktualisiere ich meinen Status, folge den Links einiger Freunde, nehme an einer Diskussion über ein Buch oder einen Film teil oder erörtere die Vorzüge eines Kneipen- oder Restaurantbesuchs. Höchstwahrscheinlich folge ich noch Dutzenden anderer Links und stöbere ein wenig herum, browse durch eine Handvoll Seiten, checke meine E-Mails und höre dazu etwas Musik oder schaue mir einen Clip an.

Wenn ich nach Stunden solcher Aktivität sage, ich hätte »Facebook genutzt«, dann sagt das herzlich wenig über die Natur oder die Qualität meiner Erfahrungen aus. Dazu bedarf es etwas, womit ich die besondere Art meiner Begegnungen und Interaktionen bewerten kann, also eines Maßstabs für meine Gefühle und Motivationen, verbunden mit dem Anerkennen, dass deren Realität nicht dadurch geschmälert wird, dass ich in einem nicht realen Umfeld agiert habe.

In einer Stunde online habe ich höchstwahrscheinlich mit Dutzenden anderer Menschen Neuigkeiten und Meinungen ausgetauscht. Wie ich dies emotional verarbeite, färbt vermutlich auch meine Eindrücke vom Rest des Tages.

Das soll nicht heißen, dass ich online dieselbe Person bin wie im Real-Life. Es trifft jedoch zu, dass die besten Kriterien, um meine Online-Erlebnisse zu beurteilen, exakt dieselben sind, die auf die meisten anderen sozialen Erfahrungen und Interaktionen in meinem Leben anwendbar wären: Wie viel konnte ich lernen oder kommunizieren? Wie intensiv fühlte ich mich mit anderen emotional verbunden? Wie stark wurde mein übriges Leben von meinen Interaktionen bereichert?

Manche Befriedigungen sind auf digitalem Wege einfacher zu erlangen als andere. Online zu bekommen, was wir wollen, ist freilich oft weit von dem entfernt, was wir tatsächlich brauchen – wenngleich beides in der Regel schneller geht. Wenn wir uns körperlos durch den virtuellen Raum bewegen, tun wir uns leichter als in einer physischen Umgebung. Es ist einfacher für uns, sowohl altruistisch und offen zu sein als auch zu betrügen und Kummer zu verursachen. Die menschlichen Realitäten hinter der Mattscheibe zu ignorieren macht unser Leben leichter.

In diesem Sinne ist die Technologie also eine Art Verstärker unseres menschlichen Wesens – eine Fülle von Möglichkeiten, die schlimmstenfalls das Risiko bergen, Mitmenschen auf bloße Objekte zu reduzieren: Präsenzen, die wir beliebig an- oder ausschalten und denen wir nur wenig Respekt oder Ehrlichkeit schulden. Hinter dem Schleier einer immer größeren Komplexität nehmen wir regelmäßig das Risiko in Kauf, uns voneinander zu entfernen und keine echten Beziehungen mehr einzugehen – auch keine wirklich introspektiven Beziehungen zu uns selbst.

Die letzten drei Jahrzehnte der Netzaktivität haben jedoch nicht allein zu einer zunehmenden Objektivierung und einfacheren Selbstbelohnung geführt. Wenn ich mir die digitale Landschaft des Jahres 2011 ansehe, dann sehe ich eine Plattform, die verzweifelt versucht, ihren öffentlichen Plätzen größere Tiefe zu verleihen, diese um jeden Preis zu personalisieren und zu vermenschlichen. Wie sonst ließe sich unsere Bereitschaft erklären, die digitalen Aspekte unseres Lebens immer komplexer und dabei menschlich-fehlerhaft zu gestalten?

4.

Es sind die menschlichen Bindungen und Zufallstreffer, die online am wichtigsten sind. Sie werden mehr als alles andere die Zukunft der digitalen Technologien bestimmen. Eine Welt, in der jeder lebende Mensch das technische Verständnis der heutigen jüngsten Generation besitzt, ist trotzdem schwer vorstellbar. Doch es wird eine Welt sein, in der Entfernungen aller Art eine ganz andere Bedeutung haben als heute – eine Welt, in der Familien und Freunde, Jung und Alt weitaus ungezwungener und regelmäßiger über geografische Grenzen und Generationen hinweg miteinander interagieren.

In vielerlei Hinsicht sind es die Älteren, die sozial Benachteiligten und andere Menschen, die traditionell ausgegrenzt wurden und nun vom Siegeszug der neuen Technologien am meisten profitieren könnten: Großeltern, die ansonsten kaum die Möglichkeit hätten, ihre Enkel kennenzulernen; Menschen in der Dritten Welt, für die der Kontakt zu Freunden und Verwandten eine entscheidende Verbesserung ihrer Lebensqualität bedeuten könnte oder die durch schlechte Infrastruktur, Armut und politische Restriktionen lange Zeit isoliert gewesen sind.

Zunächst aber wachsen die digitalen Möglichkeiten unserer Zeit erst durch die menschlichen Erfahrungen und Werte, die in sie einfließen. Mehr als eine Dreiviertelmilliarde Menschen haben in dem halben Jahrzehnt seit der Eröffnung von Facebook einen Großteil ihres Privatlebens auf der Plattform veröffentlicht. Avatare und zweite Ichs in Spielen und anderen Bereichen sozialer Netzwerke bieten nicht nur eine Flucht aus dem Alltag, sondern auch einen Weg zu anderen und eine ganz neue Art der Kontaktaufnahme. Gerüchte, Lügen und Hasstiraden kursieren massenhaft online – doch gibt es auch bemerkenswerte neue Formen des Vertrauens, von den Milliarden von Fremden, die auf eBay miteinander Geschäfte machen, bis hin zu Diensten wie Alibaba.com, das über 60 Millionen Menschen in kleineren Unternehmen gestattet, Handel miteinander zu treiben.

Es ist ein verwirrender Malstrom, was bisweilen sehr beängstigend sein kann. Trotzdem sind es immer noch wir, mit unserer ganzen Menschlichkeit, die diese neuen Räume betreten und diese Erfahrungen machen. Nur, wenn man über diese Erfahrungen mit dem traditionellen humanistischen Vokabular von Gefühlen, Gedanken und Werten spricht, können wir darauf hoffen, in unserer modernen Zeit »intensiv« zu leben – und eine Zukunft zu verstehen, in der die Technologie immer genauer definiert, was es bedeutet, ein menschliches Wesen zu sein.

2 »Ja« und »nein« zur digitalen Technologie

1.

Die August-Ausgabe der amerikanischen Zeitschrift *The Wireless Age* aus dem Jahr 1921 widmete sich auf insgesamt elf Seiten dem »Boxkampf des Jahrhunderts«. Der Kampf, bei dem es um den Weltmeistertitel im Schwergewicht ging, hatte im Monat zuvor in Jersey City stattgefunden. In der vierten Runde hatte der Amerikaner Jack »The Manassa Mauler« Dempsey seinen französischen Herausforderer Georges Carpentier k.o. geschlagen.

Es war ein großer Tag für den Sport. Die Ticketverkäufe an den Kassen brachten über eine Million Dollar ein. Doch das war nicht der Grund, warum *The Wireless Age* dem Ereignis solch große Bedeutung beimaß. Der 2. Juli 1921 war auch ein historischer Tag in der kurzen Geschichte des Rundfunks. Es war nämlich das erste Mal, dass bei einer großen Veranstaltung das live zugeschaltete Publikum die tatsächlich Anwesenden zahlenmäßig überstieg. Rund 90 000 Zuschauer drängten sich in der Jersey City Arena. Nach Schätzungen der Redaktion hatte jedoch ein Vielfaches – »nicht weniger als

Dank der Amateur Wireless Association wurde der Kampf Dempsey gegen Carpentier im August 1921 zu einem Wendepunkt in der Mediengeschichte.

300 000 Menschen« – den Kampf mit Spannung aus der Ferne verfolgt. Dies war ihnen durch ein Gerät ermöglicht worden, das im Grunde genommen ein Telefon war, angeschlossen an eine der bis dato größten jemals gebauten Sendeanlagen – die über 220 Meter hohe Antenne auf dem Erie-Lackawanna Railroad Terminal in Hoboken, New Jersey. Von dort verlief ein Kabel bis zu J. Andrew White, dem amtierenden Präsidenten der National Amateur Wireless Association, der die Geschehnisse im Ring begeistert schilderte. In letzter Minute, so bemerkte *The Wireless Age* fast verlegen, hatte man sich jedoch entschieden, Whites Kommentar von einem zweiten Sprecher an der Sendeanlage nachsprechen zu lassen. Diese Stimme war schließlich über den Äther zu hören.

Die Zeitschrift war sich der Bedeutung dieses epochalen Ereignisses voll bewusst und sprach von einem »Rekord ... und dem Beginn eines neuen Zeitalters. Während die Augen der Welt noch auf die verspätete Schilderung des Ereignisses in Form gedruckter Worte auf Papier warteten – berichtete das Radio mit einer Stimme! Über die Ohren der Zuhörerschaft wurde ein Ereignis von Weltrang in all seinen aufregenden Einzelheiten unmittelbar ›abgebildet‹ ... Der Fantasie waren keine Grenzen gesetzt. Der Blick in die Zukunft gibt nun Raum zur vergnüglichen, anregenden und praktisch unbeschränkten Spekulation.«

Weniger als ein Jahrhundert später lässt sich mit Bestimmtheit sagen, dass selbst die wildesten Spekulationen dieser Art weit übertroffen worden sind. Zwischenzeitlich verfügen mehr als zwei Milliarden Menschen über einen Internetzugang, und mehr als doppelt so viele können durch Mobiltelefone miteinander in Kontakt treten. Die Zuschauerzahlen bei Nachrichten- und Sportsendungen gehen regelmäßig in die Hunderte von Millionen. Mehr als die Hälfte aller heute lebenden Menschen sind beinahe ununterbrochen über irgendeine digitale Verbindung weltweit erreichbar.

Solche Zahlen sind natürlich atemberaubend. Vergleichsweise unbemerkt haben wir in der ersten Dekade des neuen Jahrhunderts jedoch begonnen, eine weitere mediale Wasserscheide zu durchschreiten: Dies hat nichts mit nackten Zahlen zu tun, sondern mit der Zeit selbst.

Einer von der Kaiser Family Foundation mit über 2000 Probanden durchgeführten Studie zufolge betrug die Dauer der Mediennutzung bei Amerikanern von acht bis achtzehn Jahren 1999 zwischen zwanzig Minuten und sechs Stunden täglich. Der Tagesablauf der Jugendlichen sei, so hieß es, medial fast »saturiert« – diejenigen, die die Ergebnisse der Studie auswerteten, sahen also kaum noch Raum für eine weitergehende Mediennutzung.

Es hatte den Anschein, als steuerte die Menschheit auf eine Höchstmenge an Medieninhalten zu, die sie innerhalb ihrer täglichen Wachphasen konsumieren konnte – eine Schlussfolgerung, die 2004 bei einer Wiederholung der Studie in derselben Altersgruppe bestätigt wurde: Der tägliche Medienkonsum hatte sich um nur zwei Minuten erhöht.

Im Jahre 2009 führte die Stiftung dieselbe Studie aber noch einmal durch und stellte zur großen Überraschung aller fest, dass die gesamte tägliche Mediennutzung der Acht- bis Achtzehnjährigen um über 20 Prozent zugenommen hatte und nun fast sieben Stunden und 40 Minuten betrug. Wenn man den Gebrauch mehrerer Geräte einrechnete, betrug die Gesamtdauer sogar rund zehn Stunden und 45 Minuten täglich.

Es war ein verblüffendes Ergebnis. Ausgehend davon, dass junge Menschen zwischen acht und neun Stunden Schlaf pro Nacht benötigen, nahm die Mediennutzung nun mehr als die Hälfte ihrer täglichen Wachphase ein – nicht eingerechnet die in der Schule verwendeten Medien, die nicht zu Freizeitzwecken dienten.

Wie seit einem halben Jahrhundert nahm das Fernsehen mit über drei Stunden und 40 Minuten dabei immer noch den ersten Rang ein. Die weitaus wichtigste jüngere Entwicklung jedoch war die Nutzung von Geräten wie iPhones, mit denen alte wie neue Medien gleichermaßen konsumiert wurden: Die Jugendlichen schauten sich im Schulbus online Fernsehsendungen an; sie verschickten SMS, surften bei Facebook vorbei, checkten ihre E-Mails und hörten dazu etwas Musik.

Innerhalb von nur einem halben Jahrzehnt waren die Medien vom Freizeitvergnügen für zu Hause zu etwas viel Wichtigerem geworden: Sie hatten in sämtliche Abläufe und Aktivitäten des Alltags Einzug gehalten und waren dort vollständig integriert worden. Wie ein ähnlicher Medienreport der Londoner Initiative POLIS im November 2010 schloss, sind die meisten jungen Leute in der zivilisierten Welt heute niemals ohne Zugriffsmöglichkeit auf die vielfältigen Medienangebote, die ihnen Geräte wie Smartphones und Tablets liefern. Ein tragbarer, persönlicher Pool aus Songs, Videos, Spielen, Anwendungen und Diensten sozialer Netzwerke steht permanent zur Verfügung.

Die Verhaltensmuster ändern sich mit einer Geschwindigkeit, wie sie nicht einmal beim Aufkommen des Rundfunks in den zwanziger Jahren oder nach der Einführung des Fernsehens in den Fünfzigern zu beobachten war. Die wichtigste Entwicklung aber zeichnet sich nach meinem Dafürhalten bei anderen Mustern und Normen ab: Nicht nur unsere Gewohnheiten verändern sich, sondern auch der Begriff unseres allgemeinen »Wachzustandes«.

Zum ersten Mal in der Geschichte lässt sich heute sagen, dass der Wachzustand vieler Menschen beinhaltet, mit mindestens einem personalisierten Medium »verbunden« zu sein. Wurde die Direktübertragung des Boxkampfes weniger als ein Jahrhundert zuvor noch als ein kleines Wunder betrachtet, so ist es für uns heute selbstverständlich, dass wir tagtäglich über eine eigene Direktverbindung mit der Welt in Kontakt stehen.

Die Frage, die sich als erste aufdrängt, ist pragmatischer Natur: Was kommt als Nächstes? Kurzfristig betrachtet lautet die Antwort wahrscheinlich: noch mehr Mediennutzung an noch mehr Orten und zu noch mehr Zeiten. Wenn wir jedoch langfristig gut leben wollen, dann bedeuten diese Trends, dass wir über die verschiedenen Arten von Zeit in unserem Leben anders denken müssen.

Ohne digitale Medien verbrachte Zeit ist nicht mehr der Normalzustand; vielmehr ist sie eine Erfahrung, die wir ohne vorhergehende explizite Absicht nicht mehr machen können. Man denke nur an die Schilder mit der Aufschrift »Ruhe bitte«, die sich in den meisten Zügen finden, oder an die Hinweise in Museen, Restaurants und anderen öffentlichen Räumen, die den Besucher auffordern, sein Mobiltelefon abzuschalten. Das sind buchstäblich Zeichen der Zeit: Hinweise darauf, dass die Abwesenheit digitaler Geräte heutzutage gesondert eingefordert werden muss.

Wenn wir aus den Beziehungen zueinander und zu der Welt um uns das Beste machen wollen, müssen wir akzeptieren, dass es heute zwei grundverschiedene Daseinsformen gibt: den Online- und den Offline-Zustand. Den einen oder den anderen einfach nur zu beklagen hilft niemandem, denn jeder der beiden bietet ganz unterschiedliche Möglichkeiten des Denkens und Handelns. Wir müssen vielmehr lernen zu fragen – und unsere Kinder zu fragen lehren –, für welche Aspekte einer Aufgabe und des Lebens der eine oder der andere besser geeignet ist. Darüber hinaus müssen wir Mittel und Wege finden, beide möglichst effizient in unseren persönlichen Lebensstil einzubinden.

2.

Die größten Vorteile des Online-Daseins sind rasch aufgezählt. Wenn wir an das Schwarmdenken der Welt angeschlossen sind, steht uns in Sekundenbruchteilen vieles offen; wir haben Zugang zu einem großen Teil des Menschheitswissens – freilich auch zu Klatsch und Tratsch; durch ein paar Klicks können wir mit Tausenden anderer Menschen in Kontakt treten. Wir verfügen über gottgleiche Möglichkeiten und werden immer geschickter im Umgang mit ihnen.

Man bedenke nur, was in wenigen Minuten der Recherche bei Wikipedia oder beim Durchstöbern urheberrechtsfreier Bücher bei Google alles erreicht werden kann. Vor nur einem halben Jahrhundert wäre eine Suche diesen Umfangs und dieser Geschwindigkeit jenseits der wildesten Träume aller Wissenschaftler gewesen, und doch kann sie heute fast jeder moderne Bürger problemlos durchführen. Wir sind von dieser Vergangenheit bereits so weit entfernt wie die damaligen Leser von der Welt vor Gutenberg, in der Besitz und Lektüre von Büchern einer kleinen Elite vorbehalten waren.

Außerhalb der Online-Welt hingegen kommen unsere ureigenen Fähigkeiten auf ganz andere und wesentlich ältere Weise ins Spiel: unsere Fähigkeiten, zu delegieren, Entscheidungen zu treffen, aus eigenem Antrieb zu handeln; zu denken ohne die Angst, vorschnell abgeurteilt zu werden, oder das unangenehme Gefühl, dabei ständig ein Publikum zu haben. Wir sind mit uns selbst allein oder mit anderen zusammen, und zwar in einem völlig anderen Sinne als über das Internet.

Dasselbe gilt für Privatleben und Beruf. Im Februar 2011 sprach ich neben der Autorin Lionel Shriver an der London School of Economics über den Einfluss neuer Technologien auf unser Schreiben und Denken. Sie beschrieb die Erfahrung des Schreibens »mit Publikum im Arbeitszimmer« – soll heißen: mit einer unmittelbar präsenten Masse an Online-Reaktionen auf das Geschriebene – und den Druck, den dies erzeugt, sich entweder selbst zu zensieren oder von vornherein gefällig zu schreiben. »Ich glaube, dass ich mich vor den Meinungen anderer Menschen schützen muss«, sagte sie und berichtete davon, wie sie einmal einen Zeitungsartikel geschrieben hatte, während ihr Ehemann ihr dabei über die Schulter sah. »Das kannst du nicht schreiben«, hatte er an einer Stelle gesagt. »Denk nur daran, wie sie letztes Mal im Netz darauf reagiert haben.«

Dieses Bestreben, uns selbst zu schützen, lässt sich kaum von dem Gedanken trennen, dass wir zunächst wissen müssen, was dieses »Selbst« eigentlich ist, das es zu schützen gilt. Ein großer Teil dieses Buches ist den beachtlichen Fortschritten im kollektiven Denken und Handeln gewidmet, welche die Technologien unserer

Zeit bereits bewirken. Mehr denn je wird jedoch klar, dass wir in unserem Leben auch etwas Zeit benötigen, ungestört unsere eigenen Gedanken zu denken, ohne dass sie sofort kommentiert werden, und sei es von Menschen, die uns am nächsten stehen. Wenn wir mit dieser Zeit nicht sorgsam umgehen und sie uns bewahren, könnte die digitale Technologie sie uns nehmen.

In einem Zeitalter permanenter Echtzeit-Verbindungen verschiebt sich die Frage »Wer bist du?« in Richtung »Was tust du?«. Sosehr wir auch nach dieser Dauerverbindung dürsten – wenn wir gut leben wollen, müssen wir uns getrennt von den konstanten Sende- und Empfangsmöglichkeiten ein Selbst-Bewusstsein bewahren. Wir brauchen in unserem Leben noch andere Zeitformen als die gegenwärtigen, andere Zeitqualitäten.

In seinem Vortrag bei der »South by Southwest«-Konferenz im März 2010 führte der Computerwissenschaftler Jaron Lanier diesen Punkt elegant aus. Er bat seine Zuhörer, nichts anderes zu tun als zuzuhören, während er sprach. »Der wichtigste Grund, mit diesem Multitasking aufzuhören, ist nicht, dass ich mich dann respektiert fühle«, erklärte Lanier, »sondern, dass Sie dadurch existieren. Wenn Sie erst zuhören und später schreiben, hat das Geschriebene Zeit gehabt, in Ihrem Geist gefiltert zu werden. In dem, was Sie dann schreiben, ist auch ein Stück von Ihnen. Dadurch existieren Sie ...«

Wie Laniers Bitte um eine halbe Stunde ungeteilter Aufmerksamkeit nahelegt, ist es bei der Schaffung nonmedialer Freiräume in unserem Leben nicht damit getan, dass man in eine einsame Berghütte zieht oder lebenslange E-Mail-Abstinenz schwört – wenngleich es Bände spricht, dass »Offline-Ferien« zu einem modischen Luxus für jene geworden sind, die es sich leisten können. Vielmehr ist es so, dass uns diese Offline-Zeit als Teil unseres Alltags am meisten zu bieten hat: die Entscheidung, einen Vormittag lang keine Mails zu schreiben, während einer Besprechung oder einer Mahlzeit sämtliche Handys auszuschalten, sich ein paar Tage oder Stunden zum Nachdenken zu nehmen oder einfach jemanden in persona zu treffen, anstatt eine Kette von zwanzig Nachrichten hin- und herzuschicken.

Wie viele meiner Zeitgenossen stelle ich fest, dass ich zunehmend versuche, Phasen nicht-vernetzter Produktivität in meinen Tag einzubauen: Phasen, in denen ich meine sämtlichen digitalen Geräte ausgeschaltet lasse oder sie bewusst nicht bei mir habe. Ich finde auch, dass angesichts permanenter Kontakt- und Zugangsmöglichkeiten die zwischenmenschliche Begegnung mehr und mehr an Bedeutung gewinnt. Bei Technologiekonferen-

Zeit ist die einzige Größe, von der mit der ganzen Technologie der Welt nicht ein einziges Partikelchen mehr erzeugt werden kann.

zen zu Beginn des Jahrtausends schien es zum guten Ton zu gehören, dass die fortschrittlichsten Denker ebenso demonstrativ wie unablässig ihre Mobiltelefone und Laptops benutzten. Heute, wo eine solche Veranstaltung erst mit den begleitenden Twitter-Kommentaren als vollwertig gilt, fordern Redner und Vorsitzende jedoch zunehmend auch eine Variante von Laniers Prinzip »erst zuhören, dann schreiben«. Eine gewisse Art von Konservativismus ist der neue Trend.

Für sich allein konstituieren solche Annahmen und Trends noch kein Manifest. Sie bilden jedoch die Anfänge einer Haltung, welche die digitale Technologie auf ihren Platz verweist und ihre Rolle in unserem Leben definiert, anstatt ihre Präsenz in jedem Augenblick als gegeben hinzunehmen. Dank der Schwindel erregenden informationellen Möglichkeiten der neuen Medien ist Zeit mehr denn je unser kostbarstes Gut. Mit allen Technologien der Welt lässt sich keine einzige Sekunde mehr erzeugen. Die neuen Medien drohen das Zeitempfinden jedoch zu etwas zu machen, das der Politiktheoretiker Fredric Jameson als »fortwährende Gegenwart« bezeichnet hat, in welcher die Gesellschaft »die Fähigkeit verliert, ihre eigene Vergangenheit zu bewahren«.

Für einige Menschen ist diese übermächtige Gegenwart zunehmend mit Stress, Ängsten und einem Gefühl des Kontrollverlusts verbunden. Ich bin jedoch der festen Überzeugung, dass wir hinsichtlich unseres Zeitempfindens als Individuen und als Gesellschaft nicht die Fähigkeit verloren haben, solche Entwicklungen rückgängig zu machen oder uns ihnen anzupassen. Im nächsten Kapitel werden diese Fähigkeiten zu Verständnis und Veränderung eingehender untersucht. Am wichtigsten jedoch ist, dass allen Bemühungen in dieser Richtung eine Erkenntnis vorangeht: Wir müssen in der Lage sein, zu den neuen Technologien sowohl »ja« als auch »nein« zu sagen. Sonst riskieren wir, dass sich ihre Segnungen in Fallstricke verwandeln.

3 Die Kontrolle nicht verlieren

1.

Noch vor einem Jahrzehnt hätten wenige Leute vorhersagen können, welch zentrale Rolle die Textbotschaft in einer Kultur von Smartphones, frei verfügbarem Internetzugang und Tablets einmal einnehmen würde. Einer Nielsen-Forschung zufolge, bei der die Rechnungen von über 60 000 amerikanischer Handynutzer und 3000 verschiedene Kundenprofile ausgewertet wurden, sandten und empfingen amerikanische Teenager 2010 jeden Monat durchschnittlich 3339 Textbotschaften – die Spitze bildeten Mädchen zwischen 13 und 17 mit über 4000. Daraus ergaben sich etwa 133 Textbotschaften pro Tag, also mehr als sieben in jeder wachen Stunde des Jahres.

Das vorangegangene Kapitel befasste sich damit, welch verblüffend großen Raum die Mediennutzung im Leben vieler Menschen inzwischen einnimmt. Mit der daraus entstehenden Komplexität geht ein Zwang zur Vereinfachung einher, zur Regulierung des endlosen Kommunikationsflusses, der uns überflutet. In diesem Sinne ist die Kurznachricht eines der besten Instrumente, die für unser Zeitalter des Informationsüberflusses bislang entwickelt wurden, gibt es doch kaum eine einfachere Form digitaler Interaktion als nackte Zahlen und Buchstaben. Erdacht, geschrieben und überarbeitet in der Geschwindigkeit des Absenders, gibt ein fertiger Text nichts über seine Entstehung preis: keine Verzögerungen, Ablenkungen, Fehler oder unbeabsichtigten Fettnäpfchen. Er ist gleichzeitig unmittelbar und asynchron, benötigt Aufmerksamkeit, fordert sie aber nicht ein. Er verlangt von allen Beteiligten im Grunde so wenig wie möglich.

Die Bedeutung der Kurznachricht fußt auf einer leicht zu übersehenden Wahrheit: Die theoretischen Möglichkeiten einer Technologie sind weitaus weniger wichtig als Faktoren wie Bequemlichkeit oder Kontrolle. Wenn sich daraus eine Warnung ableiten lässt, dann die, dass wir durch unser wachsendes Bedürfnis nach Bequemlichkeit riskieren, in einem ganz anderen Sinne die Kontrolle zu verlieren – nämlich die Möglichkeit, von uns und anderen mehr als nur ein vereinfachtes Minimum zu verlangen.

In George Clooneys Politdrama *Tage des Verrats* aus dem Jahre 2011 werden die Bettgeschichten eines Präsidentschafts-Wahlkampfteams andauernd durch aktuelle Nachrichten, piepsende Blackberrys und E-Mails unterbrochen. Ein bissiger Humor, der ein Phänomen unserer Zeit karikiert – eines, dem in zunehmendem Maße nicht mehr nur hochrangige Politaktivisten ausgesetzt sind. Tausende eingehender Textbotschaften und ständige digitale Updates haben wenig übrig für irgendwelche Einteilungen von Raum und Zeit, mit denen wir unseren Tag gerne strukturieren würden. Wie Clooneys Politprofis mögen wir feststellen, dass wir die »Bedürfnisse« unserer Maschinen über unsere eigenen stellen.

Ich habe bereits dargelegt, wie wichtig es ist, zwischen Online- und Offline-Zeit als zwei völlig verschiedenen Ressourcen in unserem Leben zu unterscheiden. Das ist leicht gesagt, aber wesentlich schwerer getan. Trotzdem ist es auf vielen Ebenen lebensnotwendig, zwei verschiedene Zeitarten für zwei verschiedene Daseinsformen zu etablieren: nicht nur in dem Sinne, wann man sich aus Internet und Medienangebot ausklinkt, sondern als Unterscheidung zweier ganz unterschiedlicher Maximen: erstens, ein technologisches System bestmöglich zu nutzen, und zweitens, das Leben selbst bestmöglich zu leben.

Nehmen wir einmal eines der verräterischsten Worte unserer Zeit, das sogenannte »Multitasking«. In diesem Begriff steckt ein Irrtum, der unser modernes Leben charakterisiert: die Annahme, eine der größten Errun-

Multitasking fällt uns nicht leicht. Können Sie sich gleichzeitig auf Vase und Gesicht fokussieren?

genschaften der digitalen Technologie wäre die Möglichkeit, mehrere Arten von Aufgaben gleichzeitig zu erledigen, weshalb wir am effizientesten wären, wenn wir mehrere Aktivitäten miteinander verbinden.

Im März 2007 war dies Thema eines Artikels in der *New York Times*. Unter der Überschrift »Machen Sie langsam, wackerer Multitasker, und lesen Sie diesen Beitrag nicht im Straßenverkehr« – die den Inhalt des Artikels recht treffend auf den Punkt brachte – präsentierte der Text unmissverständliche Aussagen von David E. Meyer, Kognitionswissenschaftler und Direktor des Labors für Gehirn-, Kognitions- und Handlungsforschung an der Universität von Michigan. Bei fast allen nicht völlig belanglosen Aktivitäten »wird man durch das Multitasking verlangsamt, daneben wächst das Risiko, Fehler zu machen ... Ablenkungen und Unterbrechungen sind unter dem Aspekt der Informationsverarbeitung äußerst negativ zu bewerten.«

Tatsächlich, so legte der Beitrag nahe, sei allein die Vorstellung des Multitaskings eine Art moderner Mythos – eine These, die von umfangreichen Forschungen in den Bereichen Psychologie, Neurowissenschaften und Soziologie untermauert wurde. Im Gegensatz zu einer Maschine sind wir Menschen nicht in der Lage, unsere Aufmerksamkeit mühelos auf mehrere komplexe

Aufgaben zu verteilen. Stattdessen springen wir zwischen ihnen hin und her, führen also die entsprechenden Handlungen nicht simultan aus, sondern widmen uns jeweils nur kurz einer einzelnen Aufgabe.

Was Textbotschaften und E-Mails betrifft, so funktioniert dies meistens recht gut. Wenn wir jedoch mit etwas konfrontiert werden, das eine dauerhafte geistige Anstrengung erfordert, kommen wir mit unserer »gestückelten« Aufmerksamkeit nicht besonders weit, und mit unserem Allround-Multitasking ist es schnell vorbei. Nach internen Untersuchungen bei Microsoft beispielsweise benötigten Mitarbeiter durchschnittlich eine Viertelstunde, um zu »ernsthafter geistiger Arbeit« zurückzukehren, nachdem sie E-Mails oder SMS beantwortet hatten. Einmal unterbrochen, befassten sie sich anschließend oft mit anderen E-Mails oder surften im Netz.

Bereits 1998 prägte die amerikanische Autorin Linda Stone den Begriff der »dauerhaft geteilten Aufmerksamkeit«, um zu beschreiben, wie Informationen aus verschiedenen Quellen gleichzeitig oberflächlich verfolgt werden. Dieser Begriff oberflächlicher, wechselnder Aufmerksamkeit trifft den Punkt dessen, was viele von uns allzu häufig tun, wahrscheinlich besser als »Multitasking«: Es handelt sich um eine mentale Einzeltätigkeit, die zwar mehrere Aufgaben und Informationsquellen berührt, aber keiner davon jene ungeteilte Aufmerksamkeit widmen kann, die eine »richtige« Aufgabe eigentlich erfordern würde.

Mehrere Informationsquellen gleichzeitig zu beobachten ist unter bestimmten Umständen sehr hilfreich, etwa, wenn man Wissen breit recherchiert, ein Ereignis verfolgt, eine Gruppe von Menschen koordiniert oder schlicht auf Inspiration oder Unterhaltung aus ist. Es ist eine notwendige Fähigkeit in einem mit Informationen saturierten Leben. Dennoch ist es nicht dasselbe, wenn man seine gesamte Aufmerksamkeit einem einzelnen, komplexen Gedanken widmet – oder es sich gestattet, sich ganz auf den Ort einzulassen, an welchem man sich befindet, oder auf die Menschen, die sich mit einem dort aufhalten.

Wenn ich beispielsweise im Zug sitze und meine E-Mails checke, SMS schreibe, twittere oder Musik höre, bin ich gleichzeitig präsent und gar nicht vorhanden. Die Welt und die Menschen um mich herum sind sekundär zu den Ereignissen, die auf meinem Bildschirm stattfinden. Meine Aufmerksamkeit ist nicht nur woanders, sondern fragmentarisch auf mehrere wechselnde Orte verteilt.

Um diese Teilaufmerksamkeit herum haben sich neue Formen allgemeiner Anstandsregeln entwickelt.

Wenn man Kopfhörer trägt, textet, telefoniert oder seine Umgebung filmt, nimmt man im Theater des digitalen Lebens eine Hauptrolle ein: die des autarken Bürgers, der durch jederzeit abrufbare audiovisuelle Eindrücke und Freunde von den dumpfen Beschränkungen des Alltags abgeschottet ist.

Wir respektieren dies deshalb, weil es Teil der Logik unseres modernen Lebens ist: die Isolation als notwendiges Gegenstück zu dauerhafter Erreichbarkeit. Es ist wichtig, diese Rolle von Zeit zu Zeit zu spielen. Der Übergang von einer temporären Maßnahme zu einem dauerhaften Lebensstil wirft jedoch zunächst mehrere wichtige Fragen auf. Welche Form von Aufmerksamkeit erwarten wir von unseren Mitmenschen, und welche Aufmerksamkeit schulden wir ihnen? Und welche Art von Aufmerksamkeit verdienen wir selbst, oder besser: benötigen wir, wenn wir in einem möglichst umfassenden Sinne wir selbst sein wollen?

2.

Diese Fragen betreffen nicht nur jene Handlungen, die wir gleichzeitig zu verrichten versuchen, sondern auch, inwieweit wir bereit sind, uns den digitalen Technologien in unserem Leben zu unterwerfen – und bis zu welchem Grad wir gewillt sind, nicht nur die Kommunikation aus der Hand zu geben, sondern auch immer mehr Facetten unserer selbst.

Nehmen wir das Gedächtnis. In einem digitalen Gerät bezeichnet »Memory« eine binäre Sequenz, die eine verschlüsselte Information enthält. Die zwar begrenzte, aber stetig wachsende, gewaltige Speicherkapazität eines durchschnittlichen Computers geht heute in die Milliarden digitaler »Bits« – genug, um ganze Bibliotheken, Millionen Bilder und Wochen von Filmmaterial zu speichern.

Diese Art digitaler Datenspeicher ist dem menschlichen Gedächtnis in mancherlei Hinsicht überlegen. Das »Gedächtnis« des Computers bietet die vollständige, unveränderte und objektive Speicherung von allem, was man eingibt. Das Gespeicherte verändert sich nicht mit der Zeit oder wird gar fehlerhaft. Es kann ohne Verluste fast endlos verbreitet und kopiert oder auf Wunsch auch gelöscht werden. Es kann vollständig indexiert und rasch durchsucht werden. Man kann aus der Ferne darauf zugreifen und es in Sekundenbruchteilen um die Welt jagen, einzelne Inhalte unbegrenzt vermischen, ergänzen und aktualisieren.

In Computerbegriffen ist das menschliche Gedächtnis daher eine recht armselige Angelegenheit – aber gerade mit dieser Begrifflichkeit beurteilen wir in zunehmendem Maße unsere geistigen Fähigkeiten. Da verwundert es kaum, dass wir diese auf einmal für unzureichend oder nicht länger notwendig befinden. Von Telefonnummern über Fotografien bis hin zu Dokumenten und Tagebüchern speichern wir eine immer größer werdende Masse von Erinnerungen, die für unser Leben wichtig sind, in Maschinen – bloße Informationen, ja, aber auch Augenblicke großer Gefühle oder den privaten Austausch mit Freunden und Familienmitgliedern.

Ich bin in einem Alter, in dem viele meiner Freunde ihr erstes Kind bekommen. Wie ich festgestellt habe, ist dies eine Geschichte, die mein Handy deutlicher als jedes andere Gerät erzählt. Wenn ich die letzten paar Jahre gespeicherter Textbotschaften überfliege, finde ich sechs digitale »Geburtsanzeigen«, die innerhalb von Stunden oder gar Minuten nach dem Ereignis verschickt wurden. Sie ähneln sich so sehr, dass man dahinter eine Vorlage vermuten könnte: voller Name des Neuankömmlings, Zeit, Gewicht in Kilo und Gramm und ein angehängtes Foto.

So etwas ist natürlich nett. Beim Durchstöbern dieser alten Textbotschaften beschleicht mich aber auch ein unangenehmes Gefühl, weil ich weiß, warum ich sie gespeichert habe: Ohne sie aufzurufen, fallen mir die Namen und Geburtstage der meisten Erstgeborenen meiner besten Freunde nicht ein. Ich habe diese Botschaften beantwortet, manchmal auch eine Karte oder ein Geschenk geschickt – und das Ganze dann buchstäblich zu den Akten gelegt. Trotz der nachfolgenden Blogs, Facebook-Bilder und Netzwerk-Updates scheinen diese Neuankömmlinge keinen Platz in meinem Bewusstsein gefunden zu haben.

Ich kann mich an die Namen dieser Kinder auf dieselbe Art und Weise »erinnern«, wie ich Telefonnummern »kenne«: Die Information befindet sich in meinem Besitz. Aufzeichnungen wie diese zu führen, auf einem Gerät, das ich fast kontinuierlich eingeschaltet bei mir trage, erscheint mir äußerst sinnvoll. Es aber schlicht als »Gedächtnis« oder »Erinnerung« zu bezeichnen, birgt das Risiko eines grundlegenden Missverständnisses, was Erinnerungen für mich als menschliches Wesen bedeuten können – und welche Aspekte meines Ichs und meiner Erinnerungen nicht einmal den raffiniertesten technischen Geräten überlassen werden dürfen.

Selbst der umfassendsten Datenbank mangelt es beispielsweise an etwas, das jeder Mensch auf Erden für selbstverständlich hält: einer Geschichte. Wir sind die Produkte unserer Natur, aber auch der einzigartigen Erfahrungen, die uns unser gesamtes Leben lang formen.

Wir mögen zwar erkennen, welche Teile unseres Gehirns für das Lang- oder Kurzzeitgedächtnis zuständig sind, ein eingebautes Erinnerungsmodul wie in einer Maschine fehlt uns jedoch.

Tatsächlich gibt es etwas Vergleichbares wie die menschliche Erinnerung außerhalb von Denken, Fühlen und Selbstbewusstsein überhaupt nicht. Was wir erleben, tun und lernen, wird zu einem Teil unseres Selbst. Wir internalisieren Ereignisse, Menschen und Gedanken; wir reflektieren, ändern unsere Meinung und bringen Dinge durcheinander, betrachten unsere Vergangenheit als fortlaufenden Strang, der bis in unsere Gegenwart reicht. Unsere echten Erinnerungen können wir ebensowenig auf Computern speichern wie unsere Gefühle und Überzeugungen – und schon gar nicht zwischen ihnen und »uns« trennen.

Der Autor Nicholas Carr formulierte es in seinem 2010 erschienenen Buch *Wer ich bin, wenn ich online bin ...* folgendermaßen: »Was dem echten Gedächtnis seinen Reichtum und seinen Charakter verleiht, ganz zu schweigen von seinen Geheimnissen und seiner Empfindlichkeit, ist seine Kontingenz. Es existiert in einem zeitlichen Kontext und verändert sich mit dem Körper ... aber wenn wir anfangen, [das Internet] als Gedächtnis-Ersatz zu benutzen und den inneren Prozess der Konsolidierung

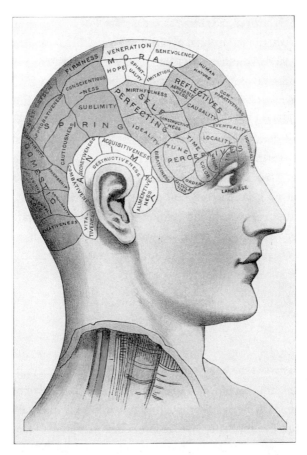

Trotz aller Hoffnungen viktorianischer Wissenschaftler lässt sich der menschliche Geist nicht wie eine Maschine in einzelne Teile untergliedern.

überspringen, riskieren wir, dass der Reichtum unseres Geistes dabei verloren geht.«

Jeder Computer und jedes Gerät mag einzigartig sein und eine einzigartige Geschichte besitzen, doch macht sie nicht ihre Geschichte zu dem, was sie sind. Oft funktionieren sie *trotz* ihrer Geschichte, wie jeder weiß, der mit dem Problem sich verlangsamender Betriebssysteme vertraut ist. Für eine Maschine ist die Vergangenheit ein Klotz am Bein. Das Beste ist es, Informationen sauber zu klassifizieren und den operativen Sektor frei zu halten. Eine hübsche Lektion über die Produktivität in der Arbeitswelt – aber das exakte Gegenteil davon, was es braucht, um einen gut bestückten menschlichen Geist herauszubilden.

3.

Wenn wir die Natur und die Qualität unserer Interaktionen mit anderen um uns herum betrachten, erkennen wir, dass die Systeme, die uns eine Kontrolle über unser Dasein verschaffen – E-Mail, Textbotschaften, Status-Updates, soziale Netzwerke –, das Potenzial besitzen, uns all dessen zu berauben, was ein reiches Leben als menschliches Wesen ausmacht: eine gemeinsame Geschichte, tiefe Gefühle und das gegenseitige Anerkennen unserer jeweiligen Einzigartigkeit.

Trotz der düsteren Prognosen von Kritikern wie Carr muss das aber nicht zwangsläufig eintreten. Hier geht es nämlich nicht einfach nur um verschiedene Aufmerksamkeits- und Gedächtnismodi, sondern um die unterschiedlichen Denkweisen, die ihnen zugrundeliegen – ein Feld, auf dem wir Menschen uns sowohl eine bemerkenswerte Anpassungsfähigkeit als auch die Oberhand über die Vorgänge in unseren Köpfen bewahrt haben.

Nehmen wir einmal das wachsende Feld, das in den Computerwissenschaften als »Memory Engineering« bezeichnet wird. Hier wird versucht, der immensen digitalen Informationsfülle, die wir alle produzieren, nicht durch brachiale Anhäufung Herr zu werden, sondern vielmehr durch das Bestreben, diese Daten zu vermenschlichen – und sie so von leblosem elektronischen Zeug zu etwas Esoterischerem zu machen, differenziert und tief empfunden.

Der New Yorker Programmierer Jonathan Wegener war beispielsweise an der Erfindung eines Dienstes beteiligt, der auf unseren digitalen Pfaden Dinge hervorhebt, die sich exakt vor einem Jahr ereignet haben: *PastPost* nutzt Facebook, um uns Aktivitäten, die genau ein Jahr zurückliegen, auf unseren Account »zurückzubringen«. Der Dienst mit dem Slogan »Was haben Sie vor einem Jahr auf Facebook gemacht?« ist eigentlich eine simple Idee, doch zeigt sie, wie leicht es ist, aus undifferenzierten elektronischen Aufzeichnungen eine individuelle menschliche Geschichte zu rekonstruieren.

Schließlich sind Daten nur dann leblos, wenn wir es ihnen gestatten. Ich betrachte die Facebook-Seiten meiner Freunde, ihre Websites, sogar ihre Game-Avatare – und sehe dort keinesfalls etwas Antimenschliches, sondern vielmehr die wiederholte Durchsetzung individueller Kontrolle. Eine Beziehung via SMS zu beenden mag kaltherzig und feige erscheinen, doch an einer Geburtsanzeige auf einer Social-Network-Seite, mit hundert guten Wünschen von Freunden und Verwandten, stört sich niemand.

Daneben quillt das Internet förmlich über vor Anwendungen und Ratschlägen, wie man sich auf eine einzelne Aufgabe besser fokussieren kann. Die angebotenen Techniken reichen von einem Programm, das sämtliche Netzwerkverbindungen für eine bestimmte Zeit kappt, bis hin zu sogenannten »Dunkelkammer«-Programmen, die das Display beim Tippen auf einen schwarzen Hintergrund reduzieren.

Die vielleicht größte Herausforderung bei der Kultivierung einer neuen Geisteshaltung für das digitale Zeitalter liegt jedoch nicht in der Schnellfeuer-Reflexivität einer dauerhaft geteilten Aufmerksamkeit oder der absoluten Fokussierung auf eine einzige Tätigkeit. Die eigentliche Herausforderung sind jene spontanen Tagträume, die man oft mit kreativen Eingebungen und innerem Frieden gleichsetzt.

Jene Art von Gedanken, die uns in der »Leerzeit« unseres Lebens überraschen – im Zug, im Bad, beim Spazierengehen, Umblättern oder, wenn wir aus dem Fenster schauen –, sind weder durch sorgfältige Vorbereitung »offline« noch durch die raffiniertesten digitalen Maschinen reproduzierbar. Es sind Augenblicke, die wir meistens dann erleben, wenn unser Leben gerade nicht bis auf die letzte Minute eingeteilt ist. Sie sind eigentümlich, individuell und zufällig, eine Art Freiheit, die der große britische Philosoph der Aufklärung, John Locke, in seinem Essay »Versuch über den menschlichen Verstand« als Zeit beschrieben hat, in welcher »Gedanken unseren Geist durchströmen, ohne jede Reflexion oder Berücksichtigung des Intellekts«.

Im Kontext dieses Kapitels – in dem es darum geht, die Kontrolle zu behalten und das Wesen unserer Aufmerksamkeit zu verstehen – lässt sich daraus eine Vorsichtsmaßregel ableiten: Alle Systeme und Strategien brauchen ein wenig Raum für Exzentrik. Damit unsere

Gedanken ganz und gar die unseren sind, benötigen wir nicht nur die Freiheit von der Tyrannei missbräuchlich eingesetzter Werkzeuge, sondern auch von unseren eigenen Strategien und Anforderungen an uns selbst.

Während ich an diesem Buch gearbeitet habe, spürte ich oft die Macht dieses Bedürfnisses. Wenn ich längere Passagen auf Papier schreibe, was ich im Entwurfsstadium am liebsten tue, fließen die Worte in dem Bewusstsein, dass sie erst einen halben Satz lang existieren, bevor sie der Stift zu Papier bringt. Die mechanische Langsamkeit des Schreibens lässt sie mich nicht nur als Gedanken, sondern auch als Klänge oder Objekte fühlen, so dass ihr Erscheinen zu einem synästhetischen und sinnlichen Vergnügen wird. Wenn ich auf diese Weise konzentriert in ein herkömmliches Notizbuch schreibe, hilft mir das, die Prozesse des Schreibens und Tagträumens miteinander zu vermengen, was oft unerwartet geschieht: Wenn ich meine Gedanken einige Zeit habe schweifen lassen, fallen mir plötzlich neue Wendungen und Sätze ein.

Das ist vielleicht der Grund, warum ich mir in Büchern immer Notizen auf den Seitenrand mache: Es sind Texte, die ich mit mir herumtrage und gerne ohne Unterbrechung lese. Aus dem Prozess des Lesens erwächst die Inspiration. Wenn ich diese Bücher später

Notizbuch und Randnotizen des Autors: ein etwas unleserliches Angebot, die Aufmerksamkeit ein bisschen schweifen zu lassen.

wieder durchblättere, sind die Gedanken, die mir beim Lesen durch den Kopf geschossen sind, in krakeliger, schräger Handschrift auf den Seitenrändern festgehalten.

Diese Handlungen – das Lesen mit einem Stift in der Hand, das Mitführen eines Notizbuchs in meiner Tragetasche – gestatten es mir, meine Gedanken schweifen zu lassen. Ich betrachte sie mittlerweile als luxuriöse, wenngleich notwendige Prozesse, damit meine Arbeit sowohl Präzision erlangt als auch mir allein gehört.

Wenn ich hingegen am Computer schreibe, geht es mir mehr um die sprachliche Genauigkeit, einen sorgfältigen Textaufbau und eine schlüssige Argumentation: Auch diese Dinge sind absolut notwendig, aber die damit verbundene Arbeitssituation ist weitaus anfälliger für die Versuchungen geteilter Aufmerksamkeit und des Internets. Wenn ich an meinem PC sitze und tippe, passiert es leicht, dass ich mich plötzlich ablenken lasse und einen noch nicht zu Ende gedachten Rückstau anderer Ideen aus dem Fokus verliere. Solange ich editiere, tippe, recherchiere und ab und zu nach meinen E-Mails schaue, kann ich die Augen vor der Wahrheit verschließen. Dann stehe ich vom PC auf, und das wirklich Wichtige beginnt sich in den Vordergrund meiner Aufmerksamkeit zu drängen.

Meine persönlichen Arbeitsweisen sind kein Maßstab oder Ideal. Sie funktionieren auch bei mir nicht immer, geschweige denn bei anderen. Ich hoffe jedoch, dass ich einen Eindruck vermitteln konnte, was es bedeuten kann, wenn man verhindern möchte, dass die Logik digitaler Werkzeuge die Logik des Denkens diktiert: Wie wir uns durch verschiedene Zeitmodelle und -Texturen Freiräume schaffen können, anstatt uns auf eine einzige Haltung zu versteifen.

Wir müssen lernen, uns den Umständen anzupassen. Umgekehrt müssen wir aber auch die Umstände uns anpassen, und zwar der vollen Bandbreite unserer Beobachtungen, unserem ganzen Denken und Fühlen. Dies umfasst die Fähigkeit, unsere Aufmerksamkeit zu teilen; aber auch, uns einem einzigen Gedanken oder einander hinzugeben, unter Ausschluss aller anderen. Daneben müssen Zeit und Raum für andere Freiheiten bleiben – und für Arbeitsweisen, deren einzig notwendige Begründung darin besteht, dass wir gut mit ihnen zurechtkommen.

4 Die Neuausrichtung der Technologie

1.

Im Sommer des Jahres 2010 besuchte ich zum ersten Mal die Zentrale eines Unternehmens, das schon seit Jahren fester Bestandteil meines Lebens war: Google. Obgleich ich bereits den Londoner Firmensitz besichtigt hatte, war Google in meiner Vorstellung nie etwas gewesen, das einen physischen Raum einnahm wie eine Bank oder ein Ladengeschäft. Der Googleplex – 1600 Amphitheatre Parkway, Mountain View, California – änderte das. Wenn ich heute auf die Google-Suchzeile in der rechten oberen Ecke meines Internet-Browsers blicke, sehe ich einen Ort und Gesichter vor mir, die eine Geschichte zu erzählen haben. Der Sitz von Google ist ein richtiger Campus, dessen Besuch eine »ganzheitliche« Erfahrung ist: Wer dort arbeitet, kann einen Fitnessraum benutzen und sich in sonnigen Innenhöfen oder beim Beach-Volleyball erholen. Es gibt technische Spielereien, Wäschereien und täglich drei Mahlzeiten vor Ort. Wie mir ein Mitarbeiter erklärte, werden die Angestellten dort »wie Erwachsene« behandelt – man vertraut ihnen, dass sie hart und gewissenhaft arbeiten, ihre Projekte nach ihrer eigenen Zeiteinteilung verfolgen. In gewisser Weise behandelt man sie aber auch wie Schulkinder oder zumindest wie die Mitglieder einer freundlichen, väterlichen Institution, die man vor allen weltlichen Sorgen bewahrt, damit sie besser lernen und arbeiten können.

In dem endlosen, hellen Landstrich der äußeren San Francisco Bay, zwischen fernen Bergen und schnurgeraden Freeways erstrahlte all das in einem regelrecht platonischen Sinne. Zum Ende meiner Zeit in Kalifornien fand ich, dass Google und sein großer kalifornischer Kollege Apple dem Stadtstaat der Renaissance mehr als nur ein bisschen ähnelten. Beides sind Orte außergewöhnlicher kultureller Fruchtbarkeit mit einer eigenen Ästhetik und Geisteshaltung – auf der einen Seite der kompromisslos minimalistische Modernismus von Apple, der den Wünschen und Bedürfnissen der Benutzer mit einem beinahe pathologischen Streben nach Eleganz zuvorkommt, auf der anderen der knallbunte Postmodernismus von Google, dessen Software-Tools unablässig angepasst werden, damit alles, was irgendjemand irgendwann vielleicht wissen möchte, auffindbar wird.

Hinter alledem steckt nicht zuletzt eine brutale wirtschaftliche Logik, die – bei Google – darauf ausgerichtet ist, immer größere Datenmengen zu katalogisieren und zu vernetzen, um die Verknüpfung von Werbung mit bestimmten Suchbegriffen noch profitabler zu machen. Vieles davon war mir dem Wortlaut nach bekannt, bevor ich die »physische« Firmenzentrale besuchte. Nachdem ich eine Zeit lang dort verbracht und die Unternehmenskultur kennengelernt hatte, begriff ich langsam, was mir alles entgangen war.

Wie für viele andere Menschen auch war Google für mich in erster Linie eine Suchmaschine und ein dazugehöriges Verb gewesen. Es ist ein Unternehmen, dessen Ethos auf Bequemlichkeit, Effizienz und Nahtlosigkeit gerichtet ist, und ich hatte Google dieser Bestimmung nach genutzt: mühelos, dankbar und im Großen und Ganzen unkritisch. Hier jedoch war ein Ort mit einer Geschichte, einer Überzeugung. Hinter der wundervollen algorithmischen Mechanik des Produkts standen intelligente, voreingenommene, unvollkommene Menschen – genauso wie hinter jedem anderen Programm, Produkt oder namenlosen Interface auch.

Es gab Diskussionen und unterschiedliche Meinungen darüber, was die Firma als Nächstes tun solle; bekannte Themen und kaum bekannte Triumphe; eine verwirrende Frustration in der Lobby jenes journalistischen Denkens, das darauf abhebt, »dass uns Google dumm macht«.

Silicon Valley bei Sonnenuntergang: Selbst weltumspannende digitale Angebote entstehen zu einer bestimmten Zeit an einem bestimmten Ort.

Alle hergestellten Objekte entfremden uns von den Umständen ihrer Produktion. Wenn man mit etwas so Komplexem und Kompaktem wie einem Mobiltelefon hantiert, fällt es schwer, die Zuliefererketten und Herstellungsprozesse im Sinn zu behalten, aus denen es entstanden ist: die Gewinnung von Metallen für Schaltkreise und Batterien, die Verwandlung von Öl zu strapazierfähigem Plastik, die Fabrikarbeit und die Softwareentwicklung, das Design, die Prototypen und die Patente.

Bei einem Bildschirmprodukt wie der Google-Suchmaschine ist die Entfremdung noch stärker. Inmitten der anonymen Pixel weltweit identischer Bildschirme nutze ich den Service eher wie etwas Gefundenes denn als Produkt. Google ist überall und nirgendwo, Teil einer organischen »Landschaft« oder eines »Ökosystems«, um zwei der am weitesten verbreiteten Begriffe des New-Media-Vokabulars zu verwenden. Dienste wie Google oder Amazon wirken nicht, als wären sie von Menschen geschaffen, wenigstens nicht in dem Sinne wie das Handy in meiner Tasche, ganz zu schweigen von den Schuhen an meinen Füßen. Damit vermindert sich meine Fähigkeit, sie nach denselben Kriterien zu beurteilen, zu interpretieren und zu »sehen« wie die Welt von Objekten, die mich umgibt. Ich nutze sie gewohnheitsmäßig und mehr oder weniger unkritisch.

Das soll keine Kritik an Google sein. Vielmehr ist es eine Kritik an einer Haltung, digitale Dienste und Geräte zu nutzen, als wären sie gottgegeben oder unvermeidlich: Dinge, die außerhalb der Geschichte und menschlichen Irrtums in einer »Medienlandschaft« existieren, durch die wir uns so gut wie möglich navigieren müssen. Google und Amazon sind jedoch ebenso von Menschenhand geschaffen wie ein Paar Jeans oder eine Duracell-Batterie. Hinter ihrer scheinbar schwer greifbaren Existenz stehen historische und menschliche Kontexte, die es endlich zu diskutieren gilt.

2.

Im März 2010 berichtete ich für die Zeitung *Observer* über die Anstrengungen des britischen Senders Channel 4, ein Online-Spiel zu schaffen, das Jugendliche an einen sicheren und effizienten Gebrauch sozialer Netzwerke wie Facebook heranführen sollte. Im Rahmen seiner Recherchen sprachen die von Channel 4 beauftragten Entwickler – eine in London ansässige Firma namens Six to Start – mit Gruppen von Schülern im Süden Englands.

Im Verlauf dieser Gespräche wurde rasch klar, dass die Technologie im sozialen Leben, in Arbeit und Freizeit der meisten Teenager zwar eine zentrale Rolle spielte, ihre Kenntnisse jedoch weit geringer waren, als die Erwachsenen gemeinhin angenommen hatten. In den unvergesslichen Worten von Donald Rumsfeld lauerte hinter jeder Mediennutzung eine unbestimmte Anzahl »unbekannter Unbekannter« – eine ganze Reihe von Dingen, von denen sie noch nicht einmal wussten, dass sie nichts davon wussten.

Der Schutz ihrer Privatsphäre war für die meisten Teenager von übergeordneter Bedeutung. »Beinahe alle Jugendlichen, mit denen wir gesprochen haben, glauben, dass sie über Datenschutz, Identität und Sicherheit im Netz bestens Bescheid wissen«, sagte mir Adrian Hon, der oberste Creative Officer von Six to Start. »Die Tatsache, dass von den meisten Erwachsenen nichts als Panikmache vor Pädophilen kommt, führt dazu, dass sie sich nicht mehr dafür interessieren, was die Erwachsenen zu sagen haben.« Die wahren Ängste und wunden Punkte der Teenager beträfen nicht etwa die direkten sexuellen Annäherungen von Fremden, sondern lägen vielmehr im Bereich der Privatsphäre, verbreiteter Fotos, Mobilfunknummern und Geburtsdaten.

Die meisten Kinder, so Hon, fürchteten »Schikanen im Netz, in einem weiteren Sinne also um ihre Stellung innerhalb der sozialen Rangordnung. Ich stellte außerdem fest, dass viele ein schwer zu artikulierendes, unangenehmes Gefühl dahingehend hatten, was man im Netz über sie herausfinden könnte. Die Datenschutzrichtlinien von Facebook scheinen sich alle paar Monate zu ändern, und selbst wir hatten große Mühe damit, überhaupt zu verstehen, was sie alles bedeuteten ...«

Das ist die menschliche Kehrseite der Mutmaßung, dass eine jüngere Generation fröhlich und unkritisch einen großen Teil ihres Lebens in die digitale Welt verlagert. Langsam wird manchen Eltern bewusst, dass die Rolle der Technik im Leben ihrer Teenager eigene Ängste, Unsicherheiten und bohrende Fragen mit sich bringt. Die Tatsache, dass diese nur sehr selten öffentlich angesprochen werden, hilft den Beteiligten kaum weiter.

Das von Hons Team entwickelte Spiel *Smokescreen* gewann beim South by Southwest Festival 2010 den Preis für das beste Spiel. Hauptgrund für die Auszeichnung war, dass es die genannten Probleme ohne Umschweife ansprach.

In aufeinander folgenden Runden werden die Spieler in die Rolle von Teenagern versetzt, die es mit typischen Online-Ereignissen zu tun haben: einer Party, deren offene Internet-Einladung außer Kontrolle gerät, oder die Verbreitung peinlicher Fotos, welche die Schullaufbahn gefährden könnten. Das klingt alles ganz einfach. Doch gelang es den meisten erwachsenen Spielern häufig nicht, die erforderlichen Aufgaben zu lösen.

Nach Hons Meinung sind Teenager durchaus gewillt, mehr über die Gefahren der digitalen Welt zu erfahren, ja, sogar leidenschaftlich daran interessiert. Das Problem ist, dass die Art, wie diese Diskussionen in der Regel mit ihnen geführt werden, »einfach nicht glaubwürdig ist«. Sex beherrscht die Schlagzeilen – und wird in den Klassenzimmern zum Running Gag. Weniger sensationelle Fragen bleiben derweil weitgehend unbeachtet. Was man brauche, so Hon, sei etwas Glaubhaftes und Verbindliches, das generelle Richtlinien für das Online-Verhalten bieten könne, etwa nach dem Motto: »Sei schlau und denke einen Augenblick über die Konsequenzen deines Handelns nach.«

Ich würde sogar noch weiter gehen: Das Studium und die Diskussion digitaler Medien muss neben Literatur, Mathematik und den Naturwissenschaften zu einem integralen Bestandteil der weltweiten Bildungspläne werden. Damit meine ich nicht die allzu grundlegenden Leitfäden, die medienerfahrene Schüler ohnehin nur belächeln, sondern eine Kombination aus Technologiegeschichte und dem Angebot, über die Möglichkeiten und Grenzen von sozialen Netzwerken und Suchmaschinen bis hin zu Avataren oder *World of Warcraft* zu diskutieren. Darüber hinaus sollten sich die Generationen hierzu auf einer gemeinsamen Plattform treffen und ihre jeweiligen Erfahrungen in der digitalen Welt austauschen.

3.

Dieses Kapitel begann mit einem Bericht über einen Besuch bei Google, einem 1998 in Kalifornien gegründeten Unternehmen. Wenn es jedoch um die grundlegendsten Komponenten der digitalen Welt geht – vom Gedanken der elektronischen Datenspeicherung bis hin zu den Protokollen, die das World Wide Web beherrschen –, gibt es häufig keine physische Einheit, die man sich vorstellen könnte, und keine einfache, menschliche Geschichte dahinter.

Selbst wenn man die Ressourcen des Internets zur Verfügung hat, ist es beispielsweise schwierig herauszufinden, warum eigentlich so gut wie jedes moderne digitale Gerät Informationen in einem System einzelner »Datenordner« speichert. Und wenn man nicht gerade ein Computerfachmann ist, ist es fast unmöglich, über die Vor- und Nachteile dieser Systeme zu sprechen oder zu überlegen, welche anderen Systeme man stattdessen hätte verwenden können oder man in der Zukunft verwenden könnte.

Bis zu einem gewissen Grad trifft das für alle komplexen Technologien zu. Wenn es jedoch um digitale Technologien geht, sind der Einfluss und die Unsichtbarkeit dieser »eingeschlossenen« Gedanken besonders signifikant.

Wie Jaron Lanier in seinem Buch *Gadget: Warum die Zukunft uns noch braucht* darlegt, ist selbst etwas scheinbar so Einfaches wie die Datenspeicherung in bestimmten Formaten und Verfahren problematisch. Ein als Computerdatei gespeichertes Buch, ein Film oder ein Lied sind nicht dasselbe wie eine physische Speicherung, etwa eine Schallplatte: Ohne passende Software und Hardware zur Rückumwandlung der Daten in Klänge und Bilder sind sie nutzlos.

Der Zugang zu solchen Technologien hingegen ist leichter als je zuvor. Und doch wird es immer schwieriger, sie zu verstehen; ein Prozess, dessen sich die Hersteller einerseits bewusst sind, den sie andererseits aber auch stillschweigend vorantreiben, indem sie gebrauchsfertige Geräte und Dienste anbieten, die dem Nutzer kaum noch die Möglichkeit lassen, sie ihren eigenen Wünschen anzupassen oder gar unter die Oberfläche auf das zu blicken, was im Innern vor sich geht.

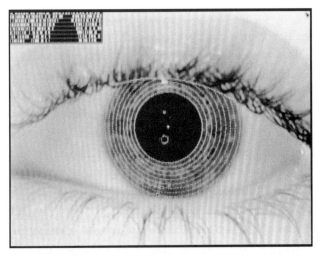

Ein Augenzwinkern, und man hat den Anschluss verpasst: Es wird zunehmend schwieriger, die Probleme und Potenziale der digitalen Technologie zu verstehen.

Bequemlichkeit und Sicherheit machen einen Teil des Charmes solcher Geräte aus, und der Verlust bestimmter Anteile der eigenen Kontrolle ist ein Preis, den zu zahlen es sich womöglich lohnt – solange sich die Kunden bewusst sind, dass sie diesen Preis zahlen. Im Gegensatz zur Hardware sucht man dieses Bewusstsein im Bereich der Software jedoch oft vergebens. Endlose Seiten von Endnutzerlizenzvereinbarungen spezifizieren, welche Rechte man durch den Gebrauch bestimmter Dienste abtritt; Kaufbestimmungen legen fest, dass viele digitale Produkte dem Käufer eigentlich gar nicht gehören, sondern nur lizenziert sind. Wenn der betreffende Service oder Support in diesen Fällen eingestellt wird, bleiben nichts als inaktive, nutzlose Daten zurück.

Diese Kontexte zu erfassen ist eine ernste Herausforderung, nicht zuletzt, weil es den alltäglichen Gebrauch digitaler Produkte und Dienste empfindlich stören kann. Solange wir die Absichten und Beschränkungen unserer Werkzeuge nicht genauer untersuchen, müssen wir jedoch mit weniger Verbesserungen und zunehmendem Missbrauch rechnen. John Naughton, Professor für Öffentliches Technologieverständnis an der Open University, drückte sich im November 2011 in einem Artikel im *Observer* so aus: »Wenn man ›Gratis-Dienste‹ nutzt, muss man akzeptieren, dass man selbst (oder vielmehr:

die eigene Identität) ihr Produkt ist.« Es gibt eben nichts umsonst, nicht einmal im Internet.

Wir mögen in einem Zeitalter leben, in dem elektronische Dienste und Geräte mehr einer Ökologie ähneln als bloßen Maschinen, und vielleicht ist es ihren Schöpfern auch ganz recht, dass wir sie so behandeln. Dennoch sind diese Technologien nicht unabhängig von uns geschaffen worden. Wenn wir selbst nicht in der Lage sind, die Abläufe und Komplexitäten hinter der ständig wechselnden Szenerie der digitalen Welt zu begreifen, so können wir doch durch Kritik, Warnungen, Empfehlungen und Alternativvorschläge von jenen lernen, denen es gelungen ist.

Es ist unwahrscheinlich, dass einem über Nacht eine Alternative zu Facebook einfällt oder man die Idee zu einem Internetversand hat, der Amazon schlägt. Doch kann man lernen, beide ein wenig besser zu nutzen – und sich fragen, was selbst solche Giganten nicht leisten können.

5 Wissensverteilung, Sachverstand und das Ende der Autorität

1.

Im Jahre 1998 veröffentlichten zwei Studenten der Stanford University einen Artikel mit dem Titel »Die Anatomie einer großflächigen Hypertext-Internetsuchmaschine«. Hinter dieser trockenen Zusammenfassung ihrer visionären Gedanken verbarg sich etwas, das sich als eine der bedeutendsten Ideen des digitalen Zeitalters erweisen sollte: nämlich, wie man der weltweit stetig zunehmenden Informationsflut durch ein neues Beurteilungsprinzip Herr werden könnte.

Die Autoren erörterten die Frage, wie sich aus einem »unkontrollierten« Medium, »in dem jeder veröffentlichen kann, was er will«, befriedigende Suchergebnisse ableiten lassen, die den Nutzern nicht nur Informationsquellen liefern, sondern auch Verweise auf möglichst präzise und nützliche Informationen.

Ihre Antwort – und ihr Glaube daran, dass eine solche Antwort nicht nur existierte, sondern auch auf Milliarden veröffentlichter Dokumente anwendbar sei – trug dazu bei, dass sich die Welt im nachfolgenden Jahrzehnt grundlegend veränderte.

Die Autoren der Studie waren Sergei Brin und Larry Page, die das von ihnen dargestellte Produkt auf den Namen Google tauften – ein Wortspiel mit dem mathematischen Begriff »Googol«, einer Eins mit hundert Nullen. Internetsuchmaschinen gab es schon seit Beginn der Neunziger. Brin und Page hatten jedoch festgestellt, dass man nur wenig dafür getan hatte, die Qualität der gelieferten Suchergebnisse zu verbessern. Ihre bedeutendste Erfindung entsprang der Einsicht, dass die Methodik der akademischen Forschung selbst eine Lösung für dieses Problem bot.

In der akademischen Welt verhielt es sich seit jeher so, dass die Anzahl der Nennungen eines Werkes als Kennzeichen für dessen Relevanz auf einem bestimmten Gebiet galten. Ein Forschungsergebnis, das in hundert nachfolgenden Artikeln zitiert wurde, konnte also als richtungweisender betrachtet werden als eines, auf das sich nie jemand berief.

Der Gedanke von Brin und Page war nun, dass auch die Anzahl von Verlinkungen einer Seite mit anderen Seiten im World Wide Web einen brauchbaren Indikator für deren Wichtigkeit oder Qualität bot. Obendrein war dies eine Bewertungsmethode, die von einem entsprechend ausgeklügelten Algorithmus automatisch durchgeführt werden könnte.

Der in der Studie umrissene Algorithmus trug den Namen »PageRank«. Er bildet noch heute den Kern dessen, was inzwischen zum möglicherweise bedeutendsten digitalen Dienst der Welt geworden ist. PageRank ist seit seinen Anfangstagen ständig überarbeitet und verbessert worden, und seine exakte Formel ist ein streng gehütetes Unternehmensgeheimnis. Sein Grundprinzip ist jedoch dasselbe geblieben. Ausreichend präzise Massenbeobachtung kann also einen Schlüssel zu jener am schwersten erfassbaren Eigenschaft einer Information bieten – ihrer Qualität.

Ein Algorithmus wie PageRank verlangt von seinen Schöpfern nicht, die Qualität von Internetinformationen selbst zu bewerten. Stattdessen beobachtet er automatisch, wie alle anderen das Netz nutzen und konstruieren. Schlüsselvariablen sind dabei die Anzahl eingehender Links einer Seite, die Besucherzahl, die Updatefrequenz und die Art ihrer Inhalte. Darüber hinaus werden besondere Qualitätsindizes ausgewertet, etwa die Besucherstruktur einer Seite, wie lang oder intensiv sie sich mit ihr beschäftigen, die relative Bedeutung sämtlicher verbundener Seiten und schließlich, ob ein verdächtiges Verhalten feststellbar ist, welches darauf hindeutet, dass jemand die Einstufung der Seite künstlich aufzuwerten versucht.

Die Geschichten um die immer raffinierteren statistischen Analysen von Google und anderen Suchmaschinen sind – ebenso wie ihr Wettrüsten gegen jene, die versuchen, die Ergebnisse zu verfälschen – allein schon faszinierend. Von noch größerer Bedeutung ist jedoch der kulturelle Wandel, für den sie stehen. Innerhalb von etwas mehr als zehn Jahren haben die Innovationen auf dem Gebiet der Datenverarbeitung unseren Begriff der Autorität stärker verändert als je zuvor in einem vergleichbaren Zeitraum in der Geschichte. Gleichzeitig stellen sie unsere zentralen kulturellen und intellektuellen Werte in Frage.

2.

Das Wort »Autorität« taucht in der englischen Sprache erstmals im 13. Jahrhundert auf. Es stammt aus dem Altfranzösischen und bezieht sich in erster Linie auf das geschriebene Wort. Ein »auctorite«, so die damalige Schreibweise, war ein Text, dessen Inhalt man Glauben schenken durfte – und der daher als Grundlage kultureller und theologischer Diskussionen dienen konnte. Der ultimative Text dieser Art war die Bibel, gefolgt von den bedeutendsten klassischen und religiösen Autoren. Sol-

Nur die hervorragendsten Bürger Frankreichs werden im Pariser Panthéon beigesetzt. Doch was bedeutet »hervorragend« in einer digitalen Welt?

che Texte waren ihre eigene Garantie für Exaktheit, und die höchste Form von Gelehrtheit und kritischem Denken bestand darin, ihre Botschaften herauszuarbeiten und sie auf die Welt anzuwenden.

Achtung vor der Autorität war nicht einfach eine Gepflogenheit; es war die Grundlage eines kompletten politischen und intellektuellen Systems. Mit der Zeit wurde der Begriff »Autorität« auch auf Personen ausgedehnt, die sich aus Büchern bildeten und deshalb als Experten galten – oder auf Menschen, die aufgrund ihrer Stellung als Dienstherr, Monarch oder Abt den Gehorsam der anderen einfordern konnten. In jedem Fall umfasste der Akt der Ehrerbietung einen gewissen Glauben: zumindest daran, dass der Gedanke solcher Ehrerbietung ein gesellschaftliches und kulturelles Gut sei.

Die Aufklärung, die Demokratisierung und die Massenkultur haben solche Tendenzen längst verwässert. Und doch konnte sich ein gewisses Vertrauen in den Sachverstand dauerhaft als Bestandteil des kulturellen Lebens behaupten. Den Kern dieser Geisteshaltung bildeten die verschwisterten Figuren des Kritikers und des Schöpfers. Außerhalb der empirischen Sphäre wissenschaftlicher Methoden (die sich durch die gewaltigen Datenmengen selbst radikal verändern) haben wir lange Zeit Menschen geduldet, ja, sogar nach ihnen gerufen, deren Rolle es ist, uns dahingehend zu beraten, was wir mögen und nicht mögen sollen – Menschen, die versuchen, einen öffentlichen Geschmack zu verkörpern und zu lehren, der sich an den Besten der Besten innerhalb eines bestimmten Feldes orientiert.

Selbst anspruchsvolle Kritik war immer nur ein Faktor von vielen. Wir wissen längst, welche Bücher sich am besten verkaufen, welche Filme das größte Publikum haben, wer die meisten Wählerstimmen bekommt. Was wir bis vor etwa einem Jahrzehnt jedoch nicht hatten, war die radikal neue Form und das Ausmaß der Empirie, die das Internet bietet. Wir haben heute Zugang zu einer Beliebtheitsskala, die wesentlich genauer und umfassender ist als jede Bestsellerliste: eine, die in ständig weiterentwickelter Form mit beinahe jeder erdenklichen Suchanfrage erscheint, die mit einer Suchmaschine ausgeführt werden kann.

Es gibt praktisch kein Wort und keinen Satz in einer beliebigen Sprache, für die eine moderne Suchmaschine nicht Resultate liefert und diese in einer Rangfolge darstellt. Dank Diensten wie Amazon gibt es so gut wie kein kulturelles oder kommerzielles Produkt mehr, dessen Verkaufszahlen von eins bis viele Millionen nicht gleich mit abgebildet werden. Nur einen Mausklick entfernt finden sich zusätzlich noch die Bewertungen und Meinungen früherer Konsumenten. Nach wie vor schätzen wir kritische, widerstreitende Meinungen. Doch wenn jeder seine Meinung nicht nur bilden, sondern auch verbreiten kann, wird dieser individuell behauptete Sachverstand immer dürftiger und ist in vielen Fällen schlicht unbrauchbar.

Man denke daran, was es genau bedeutet, im Internet nach etwas zu suchen. Es fällt nicht schwer zu akzeptieren, dass Informationen wie die Höhe eines Berges oder die Einwohnerzahl eines Landes einen empirischen Wert darstellen. Zunehmend jedoch haben auch Fragen wie »War Picasso der größte Künstler des 20. Jahrhunderts?« eine empirische Färbung angenommen. Frag einfach das Internet, und die Antworten der Welt tun sich dir auf, sauber geordnet nach ihrer Relevanz. Das geballte Wissen steht zur freien Verfügung: nicht nur in Gestalt einer einzigen Antwort, sondern vielmehr als definitive Rückmeldung auf die implizite Frage: »Was haben die Leute alles darüber gesagt, dass Picasso der größte Künstler des 20. Jahrhunderts gewesen sein soll – und was davon ist maßgebend?«

Diese Formulierung mag etwas bemüht klingen, aber es ist exakt die Art von Beurteilung, bei der wir traditionell den Kritikern vertraut haben; und nicht nur den Kritikern, sondern auch allen anderen Menschen mit einer

Korrektivfunktion, von Herausgebern zu Journalisten und Lehrern. Jahrhundertelang galt, dass niemand auch nur einen Bruchteil des Weltwissens alleine besitzen, konsumieren oder gar sinnvoll nutzen konnte. Deshalb haben wir uns stets an andere gewandt, wenn es darum ging, Materialien für uns auszuwählen und zu empfehlen – und vorab zu entscheiden, was überhaupt langfristig Aufnahme in den Wissenskanon finden sollte.

Dieser Selektionsprozess findet heute nicht mehr statt, *bevor* etwas in die Welt hinausgeschickt wird. Vielmehr ist er eine laufende, ausgelagerte Angelegenheit. Vor den Augen der Welt tummelt sich heute alles und jeder, frei von allen traditionellen Korrektiven und gefiltert nur durch den Massengeschmack. Tatsächlich ist dies der Pulsschlag der meisten digitalen Geschäftsmodelle. Statt zu selektieren und dann zu veröffentlichen, veröffentlicht man zuerst und reagiert dann auf die Selektionsprozesse der Welt. Dabei werden unablässig die Dinge maximiert, die den Publikumsgeschmack direkt treffen, und wenig Zeit wird auf jene verschwendet, die dies nicht tun.

3.

Wenn dies eine Autoritäts- und Wertekrise ist, dann in vielerlei Hinsicht eine außergewöhnlich harmlose, nämlich die Öffnung einst abschreckender Wissensbastionen. Es gibt jedoch zwei Bereiche, die all jenen Sorgen bereiten, die mehr anstreben, als sich nur von dieser neuen kulturellen Richtung treiben zu lassen: das geistige Leben und die Wirtschaft.

In intellektueller Hinsicht befürchtet man eine Abflachung: die Auflösung von Kompetenz in einen Bodensatz aus Amateurhaftigkeit und Eigenwerbung. Autoren wie der amerikanische Schriftsteller Andrew Keen haben argumentiert, dass (wie im Untertitel seines 2007 erschienenen Buches *Die Stunde der Stümper* formuliert) das Internet unsere Kultur zerstöre. Kultur wird hierbei als etwas verstanden, das von anspruchsvollen Korrektiven gefördert und geschützt wird, in Zusammenarbeit mit Intellektuellen und Künstlern.

Von Büchern und Zeitschriften zu Musik, Kino und politischem Diskurs, so Keen, beraube der Überzug der digitalen Technologie das Außergewöhnliche und Bedeutsame seiner Kapazität, öffentliche Wirkung zu entfalten oder einen Fokus zur Diskussion zu bieten. Stattdessen scherten wir Triviales und Profundes über ein und denselben Kamm – und hielten uns mit den am leichtesten verdaulichen Happen am längsten auf.

In Keens Darstellung tritt eine moderne Variante alter Demokratisierungsängste zutage. Ersetze man den Filter des Experten durch einen Massenzugang, so argumentiert er, könne sich eine zerstörerische Seite der menschlichen Natur des Internets bemächtigen: Anderslautende oder außergewöhnliche Stimmen würden erstickt und mit leicht verdaulichen Argumenten und einer Anbiederung an die Populärkultur einer passiven Mehrheit untergeordnet.

Mit dieser Kulturkritik geht ein ökonomisches Argument einher, mit dem jeder vertraut ist, der in den letzten zehn Jahren in einem traditionellen Medienunternehmen gearbeitet hat – vielleicht am aggressivsten artikuliert im 2011 erschienenen Buch *Free Ride* des amerikanischen Autors Robert Levine, dessen entlarvender Untertitel *Wie digitale Parasiten den Kulturbetrieb zerstören, und wie der Kulturbetrieb zurückschlagen kann* lautet. In seinem Buch befasst sich Levine eingehend mit der Struktur der modernen »Kulturindustrie« und dem Schaden, der ihren Wirtschaftsmodellen durch die digitalen Technologien zugefügt wurde. »Traditionelle Medienunternehmen stecken nicht deshalb in Schwierigkeiten, weil sie dem Verbraucher nicht geben, was er will«, stellt Levine fest, »sondern, weil sie daran nichts mehr verdienen.«

Gegen die »freien« und »kostenlosen« Konzepte der digitalen Welt sei im Prinzip schwerlich etwas einzuwenden, so Levine, doch was sie in der Praxis bedeuten könnten, sei die Privilegierung einer Infrastruktur auf Kosten jeglicher Kontrolle des Urhebers über sein Werk – ganz zu schweigen von der Möglichkeit, seinen Lebensunterhalt damit zu verdienen.

Freilich kann man nun Haarspalterei betreiben und sich über die statistischen Einzelheiten des Zusammenbruchs der alten Medien streiten. Dennoch wird kaum jemand ernsthaft in Frage stellen, dass durch das Aufkommen der digitalen Medien sowohl bestehenden Geschäftsmodellen als auch kulturellen Grundwerten massiver Schaden zugefügt wurde. Die Frage, um die es eigentlich geht, ist also nicht so sehr, was vor sich geht, sondern welche Auswirkungen zu beobachten sind.

An diesem Punkt verzahnt sich Levines These auf äußerst interessante Weise mit der von Keen. Aus beider Sicht hat die digitale Technologie den am Schöpfungsprozess kultureller und intellektueller Werke Beteiligten sowohl ökonomischen als auch kulturellen Einfluss entzogen und ihn jenen übertragen, welche die Infrastruktur kontrollieren, auf die sämtliche Medien und Gedanken in zunehmendem Maße angewiesen sind. So wie die Online-Autorität zunehmend vom Sachverstand getrennt wird, wird offenbar auch die kulturelle Produktion vom Talent getrennt.

Für alle, denen Qualität ebenso wichtig ist wie Quantität, mag dies verstörend klingen. Es ist eine These, die auf eines der unangenehmsten Paradoxe des digitalen Zeitalters verweist: Vielfalt und Offenheit haben den Einfluss einer kleinen Anzahl von »Playern« nicht untergraben, sondern ihn vielmehr verstärkt.

Waren es einst bloß Tausende von Objekten, die um die Aufmerksamkeit eines Publikums warben, so sind es inzwischen längst Millionen. Dabei bietet die digitale Umgebung mannigfache neue Möglichkeiten für all jene, die eine einigermaßen gut definierte Nische besetzen können – eine Minderheitsbeteiligung ist also langfristig möglich. Die vielleicht bemerkenswerteste Auswirkung dieses Maßstabswandels ist jedoch nicht die Vielfalt, sondern das Wachstum einer immer einflussreicheren Minorität an der Spitze. Einerseits können Unternehmen wie Amazon und eBay über das Internet eine in der prä-digitalen Ära nahezu unvorstellbare globale Dominanz erlangen, andererseits werden kulturelle und intellektuelle Kämpfe mehr denn je von einigen wenigen dominiert, denen es gelungen ist, die Aufmerksamkeit der Massen zu gewinnen.

Diese Art Wettbewerb hat etwas brutal Darwinistisches an sich. Nehmen wir die Bücher. Wenn Sie die physische, nicht digitale Version dieses Buches in Händen halten, handelt es sich dabei um ein Objekt mit einem einzigen Zweck: Es dient ausschließlich dazu, dem Leser die darin gedruckten Worte zu vermitteln. Wenn Sie diese Worte hingegen auf dem Bildschirm eines Gerätes wie dem iPad lesen, dann nehmen sie nicht nur denselben physischen Raum ein wie jeder andere Text in Ihrer digitalen Bibliothek, sondern auch wie sämtliche von Ihnen genutzte Musikstücke, Filme, Nachrichten, Blogs und Videospiele.

Es ist ein Wesenszug des digitalen Zeitalters, dass diese Angebote zunehmend parallel zur Verfügung stehen, dieselben Kanäle nutzen und gleichzeitig oder in nahtloser Reihenfolge konsumiert werden. Wie es scheint, können nur die Starken überleben. Ihre Stärke wird aber nicht mit kritischem Blick und anhand ihrer Tragfähigkeit für die Zukunft beurteilt, nicht einmal im Falle von Werken, die auf ihrem Feld schon lange genug Bestand haben, um als Klassiker zu gelten. Vielmehr ist es eine Stärke, die von der neuen Autorität einer messbaren Mehrheit abgeleitet wird.

4.

Wenn das alles wäre, was unser Online-Verhalten ausmacht, dann wäre die Gegenwart in der Tat unerträglich für all jene, die sich nicht nur treiben lassen wollen. Ich glaube jedoch, dass die Ausführungen von Keen und Levine eher als Warnungen denn als Feststellungen unumkehrbarer Zustände zu verstehen sind. Mag sein, dass viele traditionelle Geschäftsmodelle dem Untergang geweiht sind, doch werden unsere etablierten Begriffe von Kompetenz, kritischer Sachkenntnis und kreativer Intuition nicht einfach auf der Strecke bleiben.

Algorithmen können menschliches Verhalten in unmenschlichen Dimensionen zusammenfassen. Das ist die Grundlage ihres Nutzens und ihrer Macht. Gleichzeitig ist der Verlust des individuellen menschlichen Maßstabs aber auch ihr größtes Manko – und stellt eine der wichtigsten Ursachen dafür dar, dass seit der Gründung von Facebook im Jahre 2004 und von Twitter 2006 diese beiden Dienste allein einen Zulauf von insgesamt über einer Milliarde Nutzer hatten. Abermals sind die Zahlen gewaltig. Doch stützen sich diese jüngsten digitalen Entwicklungen ebenso auf das Bedürfnis nach Intimität und Individualität wie auf die Macht der Mehrheit: Der Internetnutzer fühlt sich nicht mehr als gesichtsloser Konsument der Massenkultur, sondern als Individuum, das an der kulturellen und individuellen Massenproduktion aktiv beteiligt ist.

Im September 2010 beschrieb der amerikanische Autor und leitende Redakteur der Zeitschrift *Atlantic*, Alexis Madrigal, den Internetdienst *Twitter* als »eine Art menschlicher Empfehlungsmaschine, in welcher ich selbst der Algorithmus bin«. Das ist eine der beziehungsreichsten Erklärungen dafür, warum die sozialen Medien die Dynamik des Internets so schnell und so dramatisch verändert haben. Sie sprechen ein bestimmtes Bedürfnis an, das Algorithmen alleine nicht befriedigen können: die Möglichkeit, sich zu äußern und anderen zuzuhören, und zwar aus der einzigartigen Autoritätsposition heraus, die jeder von uns einnimmt – als Autorität an unserem eigenen Platz in der Welt.

Heute sind wir alle Sendungsmacher und Kommentatoren, Tagebuchschreiber, Talkmaster, Kritiker, Kummertanten, Voyeure und Vollzeitpublizisten in eigener Sache. Die Schlüsselfrage ist also, wie gut wir diese Rollen auszufüllen vermögen. Wodurch entsteht eine Kultur der Beteiligung, in der sich Werte, die wir mit freier Entfaltung assoziieren, positiv entwickeln, anstatt zu ersticken? Und welchen Raum bietet sie denjenigen, die gleichermaßen über qualitative und quantitative Unterschiede sprechen möchten?

Bei der Beantwortung dieser Fragen haben wir die besten Erfolgsaussichten, wenn es uns gelingt, jene Prinzipien auf das 21. Jahrhundert anzuwenden, die seit jeher die Triebfeder eines sinnvollen, kritischen Diskurses sind: Respekt nicht nur vor der Autorität selbst, sondern vor den Prinzipien der Streitkultur, eine klar formulierte Selbstwahrnehmung und der ernsthafte Wunsch zu lernen.

Erinnern wir uns, welche Wirkung die Dynamik dieser Beteiligung erst kürzlich im Kontext eines düsteren Ereignisses im US-Bundesstaat Georgia entfaltet hat: der Hinrichtung eines des Mordes für schuldig befundenen Mannes durch eine Giftspritze. Am 21. September 2011 wurde der 42-jährige Troy Davis für ein Verbrechen getötet, das 22 Jahre zurücklag: den Mord an einem Polizeibeamten in Savannah, Georgia, im August 1989.

Während der zwei Jahrzehnte zwischen dem Mord und der Hinrichtung hielt Davis seine Unschuldsbeteuerung aufrecht, unterstützt von einer wachsenden Bandbreite an Menschenrechtsgruppierungen, öffentlichen Persönlichkeiten und politischen Führungskräften. Die Diskussionen um den Fall erhitzten sich am Fehlen der Mordwaffe, der Tatsache, dass sieben von neun Zeugen der Anklage nacheinander ihre Aussagen widerriefen, Hinweisen auf Zwangsmittelanwendung durch die Polizei und der Möglichkeit, dass der wichtigste Zeuge gegen Davis selbst der Mörder sein könnte.

Davis' Hinrichtung wurde dreimal verschoben, doch schließlich wurden alle Gnadengesuche und Petitionen abgeschmettert. Wie die Welt das Ende von Davis' Geschichte erlebte, unterschied sich jedoch grundlegend von deren Anfang. Von einer in letzter Minute erfolgten Anrufung des Obersten Gerichts und einem von 600 000 Menschen unterzeichneten Gnadengesuch (darunter der Papst und ein ehemaliger FBI-Direktor) waren die letzten Tage und Stunden in Davis' Leben nicht nur ein Dauerbrenner in den Fernsehnachrichten, sondern sorgten weltweit für Aufruhr, Entrüstung und Wut.

An meinem Schreibtisch in London konnte ich zusehen, wie auf Twitter die Worte schneller über den Bildschirm tickerten, als ich sie lesen konnte: viele Millionen Worte Hunderttausender Teilnehmer, von Salman Rushdie (»Amerika ist heute Abend ein bisschen hässlicher geworden«) und Alec Baldwin (»Die Todesstrafe in den USA ist in den Augen großer Teile der Welt eine Schande für uns«) bis hin zu denjenigen, die wahrscheinlich nie ein Buch oder einen Film veröffentlichen würden, aber gleichberechtigt ihre Meinung äußerten.

In der Woche darauf schrieb der Autor Andrew O'Hagan im *London Review of Books*: »Die Wachsamen und die Schreiber sind eins geworden ... so funktioniert die Nachrichtenwelt heute: Es gibt keine Verzögerung zwischen dem Ereignis und seiner Rezeption, zwischen der Tat, dem Wort und der Verbreitung des Wortes.« Bei aller Kakophonie war das, was sich auf meinem Bildschirm abspielte, keinesfalls zusammenhanglos oder Ausdruck einer Pöbelherrschaft. Es las sich vielmehr, als machte sich die Welt Gedanken, gefiltert durch den Blick derer, deren Ansichten ich vertraute und respektierte.

Neben der Flut von Twitter-Kommentaren folgte ich den Links und Empfehlungen der etwa hundert Menschen, die ich seit zwei Jahren ganz bewusst beobachte: Es handelt sich um Freunde und Kollegen, Autoren, Richter, Künstler, Unternehmer, Ärzte und Lehrer. Über diese wiederum gelangte ich zu Blogs und Zeitungsartikeln, zu Bildern, Debatten und Kommentarketten, zu Foren, Petitionen und Seiten von Aktivisten. Das Ergebnis war vielschichtig, aber nicht zusammenhanglos. Geleitet von jenen, denen ich vertraue, sah ich zu, wie sich die Debatte entspann und ausweitete. Die besten Einsichten, die ich fand, gab ich wiederum an diejenigen weiter, die mir folgen.

Es fanden sich keine abschließenden Worte, kein sauberer Schlussstrich unter ein traditionelles »Nachrichtenereignis«. Als ich Anfang des Folgemonats bei Twitter zum Stichwort Troy Davis zurückkehrte, erschien dort immer noch mindestens ein Update pro Minute, was weniger von den Nachwirkungen des tatsächlichen Ereignisses zeugte als davon, wie dieses Ereignis weitergelebt wurde – wie es zum Bestandteil individueller Leben auf der ganzen Welt geworden war.

Es gab Schilderungen der Beerdigung; alte Argumente, Neuanfänge und Kontroversen; Beleidigungen, Beschimpfungen und die fortlaufenden Echos der bemerkenswertesten Kommentare aus den vorangegangenen Tagen und Monaten.

Es wurde behauptet, solch massenhafte Äußerungsmöglichkeiten seien dazu verdammt, von Gerüchten, Halbwahrheiten und Einzelinteressen dominiert zu werden. Der amerikanische Schriftsteller und Wissenschaftler Cass Sunstein beschrieb die Zukunft der Massenbeteiligung als »Echokammer« gleichgesinnter Menschen, die ihre eigenen Ansichten und Vorurteile bestärkten.

Das erinnert an Andrew Keens Kritik an der digitalen Kultur im Allgemeinen und an ihrem Potenzial zu rascher Befriedigung, Teilnahmslosigkeit und Verwässerung von Wahrheit und Sachwissen – Warnungen, die man auf jeden Fall ernst nehmen sollte. Sie als volle Wahrheit zu akzeptieren erscheint mir hingegen eine zu pessimistische und zu passive Sichtweise – und eine Fehleinschätzung der individuellen Handlungsfähigkeit, die selbst innerhalb der größten Online-Kollektive existiert.

Was die Autorität und einen durch kritische Betrachtung statt durch statistische Analysen definierten Kompetenzbegriff angeht, lässt sich die Uhr nicht in die Zeit der vordigitalen Korrektive zurückdrehen, die über den Massengeschmack wachten – und ihn formten. Es gelingt uns jedoch in zunehmendem Maße, diese Art Urteilsvermögen außerhalb monolithischer Suchmaschinen und Datenbanken zu finden und zu fördern; wir verbreiten und konsumieren also nicht nur Belanglosigkeiten, sondern entdecken auch Beweise dafür, dass es abseits der Massenеuphorie noch andere Werte gibt, die für die vielen kleineren und größeren Nutzergruppen von Bedeutung sind.

Darüber hinaus hat sich die digitale Sphäre längst als fruchtbarer Nährboden für allerlei Formen der Entfaltung erwiesen. Abhängig vom jeweiligen Standpunkt ist dies ganz unterschiedlich zu bewerten: Für hochqualifizierte Berufsgruppen und Medienunternehmen mag das eine Sauregurkenzeit bedeuten; für leidenschaftliche Amateure wie für neue Talente hingegen sind die Möglichkeiten größer denn je, wenngleich die Gewissheiten gering sind.

Eines dieser Unternehmen ist beispielsweise das 2011 gegründete Unbound Books, das Schriftstellern eine Plattform bietet, ihre Gedanken direkt der lesenden Öffentlichkeit zu präsentieren. Ähnlich dem im 18. Jahrhundert gängigen Modell, sich vor Erscheinen durch Vorbestellungen abzusichern, geht es darum, eine bestimmte Anzahl von Lesern von einem Manuskript zu überzeugen und mit deren Unterstützung die professionelle Produktion eines physischen Buches zu finanzieren. Unbound verschickt das fertige Werk dann direkt an die Leser.

Das ist nur ein kleines Beispiel. Doch ist es stellvertretend für das Vertrauen darauf, dass die digitale Öffentlichkeit weit mehr sein kann als ein ziellos surfender Pöbel. In den Worten von Noam Chomsky, einem frühen Bewunderer des Unbound-Modells, »könnte die Bedeutung recht substanziell sein« – insbesondere, wenn solche Muster die Struktur künftiger Unternehmen darstellen, bei denen Profite nicht zwangsweise auf Kosten von Qualität erwirtschaftet werden.

Bei all diesen Akten der Beteiligung und kultureller Investition sind die obersten Werte Vertrauen und Respekt: die Grundpfeiler verdienter Autorität in einem kommunalen Zeitalter. Schon vor über 400 Jahren, also in einer Ära, in der das Wort eines Mannes noch bindend war, erkannte Shakespeares Hotspur den Wert der Reputation. In den nachfolgenden Jahrhunderten umwarben unternehmerische Autoren beharrlich ihr Publikum und trugen damit zum Entstehen verschiedenster Literaturkulturen bei.

Heute lernen wir eine neue Variante dieser Lektion. Es gibt auf der Welt nicht mehr Experten als früher. Doch sind sie in dem Bestreben, Kompetenz zu artikulieren und zu fördern, neuerdings auf gleicher Augenhöhe mit ihrem Publikum. Beide sind von diesem gegenseitigen Vertrauen abhängig. Der alte Begriff von Autorität als etwas, das von einer Institution oder Position abgeleitet wird, weicht einem neuen, der sich als Ergebnis erfolgreicher Debatten definiert.

In ökonomischer und sozialer Hinsicht leben wir mit unserem althergebrachten Kulturverständnis in einer unsicheren Zeit. Doch müssen wir dringender denn je Differenzierungen vornehmen – und uns jene Gewohnheiten aneignen, die es uns ermöglichen, dies gemeinsam zu tun.

6 Wie wir uns selbst entmenschlichen

1.

Pornografie, schrieb J.G. Ballard im Vorwort seines 1973 erschienenen Romans *Crash*, sei die »politischste Form der Fiktion, weil sie davon handelt, wie wir uns in vordringlicher und rücksichtsloser Weise gegenseitig benutzen und ausbeuten«. Diese Ausbeutung brachte er ausdrücklich mit der Technik in Verbindung und fügte seinem höchst verstörenden Werk eine Frage an, die während der vergangenen vier Jahrzehnte noch zusätzliches Gewicht erhalten hat: »Sehen wir im Autounfall Anzeichen für die albtraumhafte Vereinigung von Technik und unserer eigenen Sexualität ...? Tut sich hier eine abartige Logik auf, die mächtiger ist, als der Verstand sie bietet?«

Keine Abhandlung über das Leben mit modernen Technologien wäre vollständig, ohne die Sexualität dabei zu berücksichtigen. Als Ausgangspunkt für die Erörterung der »abartigen Logik« ihres Verschmelzens eignet sich kaum etwas besser als die Masse pornografischer Angebote in den digitalen Netzwerken unserer Tage.

Entgegen allgemeiner Annahmen ist »Sex« nicht der am häufigsten eingegebene Suchbegriff im Internet.

Wenn man Google nach »Sex« befragt, erhält man nicht einmal zweieinhalb Milliarden Ergebnisse – mehr als auf die meisten anderen Suchanfragen, aber charmanterweise immer noch weniger als ein Drittel der sieben Milliarden Ergebnisse für »Liebe«.

Die Schlüsselfrage ist also nicht, wie viel Rohmaterial zur Verfügung steht, sondern wie zugänglich es ist. Im Internet ist man nie weiter als eine Suchanfrage und einen Klick von Pornografie entfernt. Was einst ein Tabu war, ist inzwischen alltäglich. Man muss kein Spezialgeschäft mehr aufsuchen, und sämtliche Zugangsbeschränkungen – etwa das Mindestalter – sind gefallen. Wer Pornografie haben möchte, bekommt sie auch: sofort, anonym, frei von monetären und emotionalen Kosten. Darin gleicht die Pornografie praktisch allem anderen in der digitalen Sphäre.

Sie ist normal in dem Sinne, dass sie nur einen weiteren Teil des Service darstellt. Auch die Pornografie selbst hat sich durch das Internet verändert. Zunächst hat sie sämtliche eventuell noch verbleibende Unschuld und Scheu verloren, die sie einmal gehabt haben mag. Wie jeder andere Teil der Unterhaltungsindustrie befindet sich Pornografie heute im Wettbewerb mit sich selbst und allem anderen. Das bedeutet, dass ein Geschäftsbereich, der ohnehin schon mit den kleinsten gemeinsamen Nennern arbeitet, noch billiger, grenzwertiger und einfallsreicher darin geworden ist, sich selbst zu übertreffen. Die Grenzen zwischen Konsum und Partizipation, ob nun echt oder gestellt, sind noch verschwommener als zuvor.

Im Netz befindet sich alles, was wir uns nur denken können, in unmittelbarer Reichweite. Zudem sind wir dabei niemals allein. Egal, wie bizarr, ungewöhnlich, eklektisch oder gar illegal die eigenen Vorlieben in der Sexualität und in den meisten anderen Bereichen auch sein mögen – es gibt dort draußen immer andere, die je nach Bedarf Rat, Foren, Verabredungsplattformen und diskrete Sicherheitsprotokolle zur Verfügung stellen. Man muss der Welt nur sagen, was man will; und wenn es auf der Welt jemanden gibt, der es einem gerne geben möchte, dann ist es sehr wahrscheinlich, dass die Technologie beide zusammenbringt.

Man denke nur an den Kontaktanzeigenteil der weltweit erfolgreichsten Kleinanzeigen-Webseite Craigslist. Diese Sektion ist mittlerweile in neun Abschnitte untergliedert: platonisch, Frau sucht Frau, Frau sucht Mann, Mann sucht Frau, Mann sucht Mann, Romantik aller Art, gelegentliche Treffs, »verpasste Bekanntschaften« (wenn man jemanden kennenlernen möchte, den man irgendwo gesehen hat) und »Lärmen und Schwärmen« (für Lob und Beschimpfungen).

Wie diese pragmatischen und umfassenden Kategorien nahelegen, ist praktisch für jedes legale und erdenkliche Bedürfnis gesorgt. Gut sichtbar bietet die Seite Tipps zur persönlichen Sicherheit, Ratschläge, wie man sich vor Schwindel und Betrug schützen kann, und Informationen über Software im Rahmen der elterlichen Aufsicht. Daneben verfolgt Craigslist eine strenge Politik gegen Prostitution und Schwarzhandel.

Ansonsten aber kann man auf Craigslist tun und lassen, was man will. Man klickt frei nach Gusto eine beliebige Kategorie an und erhält eine chronologische Auflistung von Leuten in der Umgebung, die ihre Bedürfnisse oder Angebote inserieren.

In meiner Heimatstadt London gibt es an einem durchschnittlichen Tag auf Craigslist etwa 900 neue Einträge in der Kategorie »gelegentliche Treffen«, 200 bei »Mann sucht Mann«, 100 bei »Mann sucht Frau«, 50 bei »Frau sucht Mann« und zwischen 25 und 50 auf den Rest verteilt. Fast alle sind, je nach Sichtweise, erschreckend oder erfrischend offen (»Muss über sehr gutes Einkommen verfügen, sonst antworte ich nicht« oder »Netter Typ für Dienstagmorgen gesucht. Bitte Antwort mit Foto und Ortsangabe in erster E-Mail, sonst keine Antwort«). Bei den allermeisten genügt ein Mausklick oder eine E-Mail, um darauf zu antworten.

In der Provinz reduzieren sich diese Zahlen auf eine Handvoll Ortsansässiger pro Woche. Der anspruchsvolle Suchende bedarf daher der Dienste einer besser spezialisierten Seite wie AdultFriendFinder, der »weltweit größten Sexcommunity im Netz«. Ein solcher Slogan mag die Glaubwürdigkeit des Wortes »Community« strapazieren, doch könnte das gemeinsame Interesse, um welches es dabei geht, nicht klarer formuliert sein.

Wie fast alles andere in einem Zeitalter allgegenwärtiger Technologie geht es auch beim digitalen Sex nicht nur ums Zuschauen, sondern um die Suche, die Kontakte und die Feststellung, dass man nicht allein ist – oder vielmehr, dass Alleinsein nicht mehr langweilig sein muss, wenn man einen Internetanschluss hat.

Es geht also darum, genau das zu bekommen, was man will und wann man will. Sie suchen eine Affäre ohne jede Bindung, ohne das Risiko, die Ehe zu ruinieren und mit garantierter Diskretion? Dann brauchen Sie nur auf einer Plattform wie Illicit Encounters, »der größten Seitensprung-Seite Großbritanniens« einen gleichgesinnten Erwachsenen zu finden. Obendrein gibt es noch Tipps, wie man verhindert, dass das Ganze auffliegt. Sie suchen die Gesellschaft eines haarigen Mannes, der dreimal so viel wiegt wie Sie selbst? Auch dafür gibt es Online-Angebote (der Suchbegriff dazu lautet »Bär«).

2.

Freilich ist es zu begrüßen, dass Menschen bei ihrer Suche nach dem, was sie wollen, geholfen wird – selbst wenn man bisweilen den Verdacht hat, dass dies nicht immer ist, was sie tatsächlich brauchen. Die Bedenken, die diese Hilfe auslöst, gehen indes in zwei verschiedene Richtungen.

Erstens besteht die Gefahr, dass Menschen durch andere Menschen Schaden erleiden; ein Risiko, das sowohl Besorgnis erregend als auch moralisch unstrittig ist.

Von der Ausbeutung Schwacher bis hin zum Handel mit verbotenem Material kann sich die digitale Kombination aus Distanz, Anonymität und Geheimhaltung als gefährliche Mischung erweisen. Sexueller Missbrauch, Menschenhandel und illegale Formen von Pornografie sind nur ein Aspekt der dunklen Seite digitaler Netzwerke, doch sind sie besonders verstörende und schlagzeilenträchtige Manifestationen, gegen die sowohl per Gesetz als auch mit entsprechenden Schutzmaßnahmen vorgegangen werden muss – etwas, das die Technologie

Mit diesem Profilbild käme man auf AdultFriendFinder.com wohl nicht besonders weit.

gleichermaßen vereinfacht und komplizierter gemacht hat.

So erschreckend diese Missbrauchsfälle auch sein mögen, so sind sie doch relativ selten. An zweiter Stelle steht jedoch eine tiefere und moralisch vielschichtige Sorge: dass die Lebensqualität einer großen Anzahl von Menschen durch die reibungslose Leichtigkeit ausbeuterischer, reduktiver und potenziell süchtig machender digitaler Inhalte und der dazugehörigen Verhaltensweisen ernsten Schaden nehmen könnte.

Das Gebiet der Sexualität gibt in diesem Zusammenhang Anlass zu größeren und diffuseren Ängsten: Im Internet können wir uns gegenseitig zu Objekten degradieren, emotional verrohen und uns vor den Risiken und Freuden echter zwischenmenschlicher Kontakte zurückziehen. In einem 2010 in der Zeitschrift *New Atlantis* erschienenen Artikel beschrieb der britische Philosoph Roger Scruton diesen Prozess des »Versteckens hinter dem Bildschirm« treffend als »Entfremdungsprozess, bei dem die Menschen lernen ... ihr Leben zu einem Spielzeug zu machen, über das sie die volle, wenn auch in gewisser Weise sehr trügerische Kontrolle haben«. Scruton räumte zwar ein, dass nicht alle digitalen Interaktionen eine solche Reduktion zur Folge hätten, warnte jedoch davor, dass die Freiheit, als vollwertiger

Mensch zu leben, beeinträchtigt werde, wenn wir uns vor »der Welt menschlicher Beziehungen ... mit all ihren Risiken, Konflikten und Verantwortlichkeiten« verschlössen.

Bequemlichkeit und sofortige Gratifikation bergen gefährliche Risiken. Selbst im Falle der Sexualität hat es wenig Sinn, die digitale Kultur schlicht als Verbesserung unserer Bedürfnisbefriedigung zu begreifen. Betrachtet man feste Beziehungen als Gegenteil von unverbindlichem Sex, dann sollte an dieser Stelle nicht unerwähnt bleiben, dass das Online-Dating ein wesentlich größeres Geschäft ist als digitale Swinger-Angebote. In jedem Fall ist die nie da gewesene Bandbreite an Optionen bei minimaler Preisgabe der eigenen Persönlichkeit sicherlich ein wichtiger Faktor. Dennoch ist es eindeutig, dass nicht jeder, der auf Seiten wie Match.com ein detailliertes Profil ausfüllt, nach schneller Befriedigung sucht – sonst wäre er auf AdultFriendFinder unterwegs.

Dazwischen existiert ein nebulöses Mittelfeld. Nehmen wir den russischen Dienst ChatRoulette. Gegründet im November 2009, bietet er eine Art russisches Roulette, bei dem x-beliebige Menschen zu einer Konversation via Webcam und Mikrofon zusammengeschaltet werden. Man besucht die Seite, klickt den Service an, und schon erscheint in einem Fenster auf dem Bildschirm ein fremdes Zimmer. Gleichzeitig wird die eigene Präsenz zurückgesendet – vorausgesetzt, man verfügt über eine Webcam und ein Mikrofon. Die durchschnittliche Begegnung dauert weniger als eine Minute, dank des gut sichtbaren »Next«-Buttons, mit dem man sofort zur nächsten Zufallsbegegnung weiterklicken kann.

Wie unschwer zu erraten, ist bei einem Online-Dienst, der auf Exhibitionisten und Voyeure perfekt zugeschnitten ist, Nacktheit ein beliebtes Thema: Schätzungen aus dem Jahre 2010 zufolge fiel mindestens einer von acht Kontakten in die Kategorie »anstößig«. Da mag es fast überraschen, dass der Dienst auch für ganz normalen Smalltalk über Konzerte, Internetnutzung und Auftritte von Prominenten genutzt wird und sexuell Explizites immer wirksamer aus dem Angebot entfernt wird. Im Rahmen meiner eigenen Recherche auf ChatRoulette wurde ich mit einem Dutzend junger Menschen auf der ganzen Welt verbunden – darunter einem Zimmer voll ägyptischer Studenten, einem algerischen Teenager, einem unhöflichen Amerikaner und einer süß verwirrten Deutschen – und stieß nur auf zwei Fälle von Obszönität (zwei türkische Männer), die aber offenbar nicht miteinander in Zusammenhang standen.

Dieses Muster bietet ein interessantes Gegenargument zu der alten Geschichte von der »Flut pornografischer Angebote« im Internet. Als das Internet Anfang der neunziger Jahre für die breite Öffentlichkeit zugänglich wurde, kamen bald allerorts Stimmen auf, dass dieser neue Raum von Sex und Pornografie verstopft werde. Irgendwann könne man nicht mehr online gehen, ohne mit Schmutz aus dem grenzenlosen digitalen Reservoir der Welt beworfen zu werden.

Drei Jahrzehnte später ist die erotische Apokalypse immer noch nicht eingetreten. Vielmehr ist bemerkenswert, wie einfach es ist, alle möglichen digitalen Tools und Dienste zu nutzen, ohne auch nur einem Hauch von Anstößigkeit zu begegnen. Gibt man in den Browser oder in die Suchmaschine etwas ein, das mit »Sex« zu tun hat, wird man sofort mit Pornowerbung, Versprechen und Bildern überschwemmt. Solange man aber nicht gezielt danach sucht oder besonders Internet-naiv ist, bleibt das Ganze glücklicherweise in seinem Ghetto. Sex und Pornografie mögen zwar mit allem anderen im Wettstreit um unsere Online-Zeit und Aufmerksamkeit stehen, aber es ist ihnen nicht gelungen, andere digitale Aktivitäten zu überholen.

Tatsächlich verhält es sich sogar umgekehrt. Im Jahre 1993, also in den beinahe prähistorischen Zeiten des Internets, beschrieb die Zeitschrift *Wired* Sex kühn als »Virus, der neue Technologien als Erstes infiziert«. Als das Medium beliebter und reifer wurde, hieß es, Online-Sex – der sich in der jungfräulichen digitalen Landschaft wie ein Lauffeuer verbreitet hatte – werde an Attraktivität verlieren, und zwar vor allem deshalb, weil er kein Potenzial zur Raffinesse besitze.

Was digitale Dienste und Webseiten betrifft, so hat sich dieses Argument zunehmend bewahrheitet. Mit Stand vom Oktober 2010 waren der Internet-Informationsfirma Alexa zufolge Sex und Pornografie für die Welt offiziell weniger interessant als Amazon, Wikipedia, die Internet Movie Database sowie Dutzende anderer Dienste von Suchmaschinen bis hin zu sozialen Netzwerken. Diese wurden unter den weltweiten Top-Webseiten sämtlich höher eingestuft als alle pornografischen und sexuellen Angebote. Nur eine einzige Sex-Seite schaffte es überhaupt in die weltweiten Top 50, und das auch nur auf Platz 44 (es handelte sich um LiveJasmin, eine Seite, die Alexa zufolge »häufiger von Männern im Alter zwischen 18 und 24 besucht wird, die keine Kinder haben und den Dienst von zuhause aus aufrufen«). Weniger als zehn Seiten mit »Erwachsenenangeboten« gelangten in die Top 100.

Hält man sich bei der Analyse des globalen Interesses an »Sex« und »Porno« zwischen 2004 und 2011 hingegen an die Ergebnisse von Google Insights, dann stellt man fest, dass diese beiden Suchbegriffe alles von »Büchern« über »Musik« bis »Kino« schlagen – unter anderem aber von Suchanfragen nach »Google«, »Facebook«, »YouTube« und »Yahoo!« überrundet werden. Wie viele von uns auch interessiert sich das Internet nicht so sehr für Sex wie für sich selbst.

Das liegt teilweise darin begründet, dass viele pornografische und illegale Inhalte aus dem Mainstream-Netz verschwunden und in private Netzwerke ausgelagert worden sind, die direkt und diskret unter denjenigen errichtet wurden, die auf solche Inhalte zurückgreifen möchten. Weitere Gründe sind, dass wir mit der Zeit gelernt haben, mehr von unserer Technologie – und voneinander – zu erwarten; und schließlich, dass die digitalen »Communities«, die zunehmend globalen Einfluss ausüben, auf mehr als nur zwischenmenschlicher Ausbeutung beruhen.

3.

Ein Vergleich mit der E-Mail ist an dieser Stelle sehr aufschlussreich. Wenn ich in meinen eigenen Spam-Ordner blicke, sind die rund 300 Botschaften, die während der letzten Woche eingegangen sind, ziemlich typisch: Versprechen sexueller Potenz, verbilligte elektronische Produkte, Kreditkarten und Anti-Aging-Cremes, Anleihen in US-Dollar, Angebote sexueller Beziehungen und – am interessantesten – »wichtige Informationen über Ihren Zahnarzt«. Mein E-Mail-Postfach ist ein passiver Mülleimer für den Schmutz und den Unsinn der Welt, der mich und andere in einer Masse überschwemmt, welche Schätzungen zufolge jährlich über 80 Prozent der mehreren Hundert Milliarden weltweit verschickter E-Mails ausmacht.

Das ist genau jenes Bombardement, das die Schwarzseher zu Beginn der digitalen Ära so genüsslich vorhergesagt haben. Die Logik dieses Arguments jedoch bricht vollständig in sich zusammen, sobald ich kein passiver Empfänger mehr bin und zum aktiven und interaktiven Informationsteilnehmer werde. Wenn es um den aktiven Genuss digitaler Medien geht, ist Porno bestenfalls eine Ressource von begrenztem Nutzen und Interesse, obwohl ich vielleicht ab und zu bewusst pornografische Seiten aufrufe.

Tatsächlich sind die meisten Pornoangebote in Unterhaltungswert und Inhalt derart langweilig, dass sie im Kampf um aktive Aufmerksamkeit im Netz meist kläglich versagen. Es ist etwas, das man sucht, nutzt und wieder wegschaltet, doch sagt es nur wenig über uns selbst und andere aus. Jenseits der Grenzen des guten Geschmacks und mechanischer Möglichkeiten bietet Porno zudem fast nichts, was wir nicht schon wüssten.

Es ist eine kleine, sterile Welt für sich, voller Klischees und Wiederholungen: ein Ghetto, das wir, wenn wir einmal ehrlich sind, alle schon einmal besucht haben, wo wir aber keinesfalls mehr Zeit verschwenden wollen als unbedingt notwendig. Die Metapher des Ghettos ist auf mehreren Ebenen bedeutsam, enthält sie doch den Verweis darauf, dass hinter dem Wesen unseres Online-Verhaltens, unseren Bemühungen zu seiner Regulierung – und unser selbst – noch weitaus mehr steckt.

Der Wissenschaftsautor Steven Johnson sagte in einer Rede bei der TED-Konferenz in Kalifornien 2003, er stelle sich das World Wide Web als Stadt vor, etwas, »das von vielen Menschen erbaut wurde und von niemandem vollständig kontrolliert wird, etwas, das in sich fein vernetzt ist und doch in vielen Teilen unabhängig funktioniert«.

Johnsons Beispiel bietet einen nützlichen Bezugsrahmen dafür, wie wir sowohl unsere digitalen Beziehungen zueinander möglichst effizient nutzen als auch diese neue Welt entsprechend regulieren können: eine neue Welt, die sich weder durch eine Überwachung von oben noch durch allgemeine Nutzungshinweise zähmen lässt, die für ihren Fortbestand jedoch auf viele funktionierende, überlappende Gemeinschaftsformen baut.

Die Überwachung im modernen Wortsinn – eine staatlich finanzierte Stelle zur Durchsetzung von Gesetzen, die im öffentlichen Interesse und im Konsens mit der Mehrheit der Bevölkerung handelt – entstand im 16. und 17. Jahrhundert im Kontext der Anforderungen, die wachsende Städte hinsichtlich der Rechtsregulierung, des Gesundheitswesens und der Bürgerzufriedenheit stellten. Eine legitimierte und effiziente Polizeigewalt musste mit den örtlichen Gemeinden zusammenarbeiten, aus denen sie sich teilweise auch rekrutierte.

Wie oben dargelegt, entstehen einige der größten Gefahren menschlichen Online-Verhaltens aus dem Potenzial, Minderheiten zu unterdrücken oder zu missbrauchen und gleichzeitig einen Abstumpfungseffekt auf die Mehrheit auszuüben. Das gilt nicht nur für Sex und Sexualität, sondern für alle Verhaltensformen, deren Ziel es ist, andere auszubeuten, zu erniedrigen oder zu schädigen. Um uns und unsere Gesellschaften dagegen zu schützen, imitieren die besten digitalen Modelle die effiziente Überwachung städtischer Räume und verbinden dabei das Ethos einer Gemeinde, in der jeder auf den anderen achtet, mit externen Standards, die von innen heraus geltend gemacht werden.

Der amerikanische Herausgeber, Blogger und Vordenker der Free-Software-Bewegung Tim O'Reilly sah 2007 die Gefahr, dass Missbrauch und Unehrlichkeit vielen Mitgliedern der weltweiten digitalen Gemeinschaft die Internetnutzung vergällen könnten. Als Reaktion darauf präsentierte er einen siebenteiligen »Verhaltenskodex für Blogger«, bei dem er wie Johnson teilweise auf urbane Metaphern zurückgriff.

Die ersten sechs Punkte des Kodex richteten sich auf Fragen der Anonymität, wie mit potenziellem Missbrauch und Mobbing umzugehen sei, und schließlich darauf, dass Blogger für den Inhalt, der auf ihren Webseiten erschien, die Verantwortung übernehmen sollten.

O'Reillys siebter Punkt jedoch war mehr allgemeiner Natur und ist bis heute eine der trefflichsten Zusammenfassungen, was gute »Netikette« ausmacht. In einem Satz: »Sag im Netz nichts, was du nicht persönlich sagen würdest.«

O'Reilly forderte damit bei digitalen Interaktionen ein Leitprinzip des Anstandes, und zwar in einem strikt etymologischen Sinne des Wortes Anstand (engl. *civility*): das angemessene Verhalten eines Bürgers oder Stadtbewohners, der in direkter Nachbarschaft mit anderen leben muss. »Ich glaube, dass Anstand ansteckend ist«, so schrieb er später in seinem eigenen Blog, »Unhöflichkeit und Grobheit aber auch. Wenn man solch ein Verhalten toleriert, wird es immer schlimmer. *Die* Blogging-Gemeinde existiert nicht, ebenso wenig wie *die* Gemeinde in einer Großstadt ... Es ist kein Zufall, dass ›zivil‹ auch die ersten beiden Silben des Wortes ›Zivilisation‹ sind.«

Der Gedanke, sich zu verhalten, als wären die Kommunikationspartner »in persona« anwesend, ist sehr machtvoll. Eine Form der Online-Objektivierung, die ebenso verwerflich ist wie die Pornografie, ist das sogenannte Cyber-Mobbing, das von einfachen verbalen Beschimpfungen bis hin zur umfassenden Verfolgung über Seiten und Dienste hinweg reicht und Arbeit und Freizeit empfindlich beeinträchtigen kann.

In der 2012 erschienenen deutschen Ausgabe ihres Buches *Verloren unter 100 Freunden* zeichnet die amerikanische Psychologin und MIT-Professorin Sherry Turkle ein beängstigendes Bild davon, zu welchem Grad ein junges Leben durch solche Verhaltensweisen Schaden nehmen kann.

Einer ihrer Interviewpartner, ein Student namens Zeke, beschreibt, wie er Bilder aus Zeitschriften einscannt und Profile imaginärer Menschen konstruiert, deren Identitäten er daraufhin nutzt, um auf MySpace extrem kritische Konversationen über sich selbst zu führen. Dann beobachtet er, wer von seinen Kontakten sich anschließt, um, wie er sagt, »herauszufinden, ob mich jemand hasst« – eine Erwartung, die in der paranoiden, angespannten, gerüchteschwangeren Subkultur, in welcher er sich bewegt, vermutlich nicht enttäuscht wird. Die digitale Schmähung ist dort eine Form des gesellschaftlichen Todes.

Eine Entpersonalisierung wie in Zekes Fall beinhaltet die Ausnutzung digitaler Bequemlichkeit und Unwirklichkeit zur Aushöhlung der zentralen Werte menschlichen Daseins: soziale Identität, die Fähigkeit zu zwischenmenschlichen Kontakten und die Möglichkeit, sich offen auszudrücken und mitzuteilen.

Die digitale Technologie ist nicht die Wurzel all dessen, sondern ermöglicht es lediglich. In der digitalen Sphäre kann heute jedermann viele seiner primitivsten Triebe befriedigen, was die meisten irgendwann auch tun. Dennoch müssen wir füreinander mehr als nur Objekte sein; wir müssen sowohl im Netz als auch in der realen Welt Räume finden, in denen wir einander »in persona« akzeptieren, nämlich als Menschen, denen ein gewisser Anstand geschuldet ist.

Anonymität ist kein unabwendbares Übel, ebensowenig, wie die Kenntnis des Namens einer Person deren einwandfreies Verhalten garantiert. Vielmehr müssen wir jener Art Eigeninteresse widerstehen, das sämtliche unserer Online-Interaktionen – ob nun anonym in einer virtuellen Welt oder unter Freunden auf Facebook – ausschließlich als Mittel zur persönlichen Befriedigung einstuft.

Dies ist zuoberst eine Frage der Stärke und Integrität unserer Gemeinschaften und ihrer Kapazität, eine effiziente Selbstregulierung unter Einbeziehung allgemeiner Verhaltensregeln zu schaffen: eine Selbstkontrolle mit einer übergeordneten Autorität. Auf jeden Fall müssen bestimmte Grenzen gezogen werden. Online und in Wirklichkeit sind wir nur so menschlich, wie es andere uns gestatten.

7 Spiel und Vergnügen

1.

Im Jahre 2006 untersuchte der amerikanische Psychologe Geoffrey Miller anhand eines Artikels aus der Zeitschrift *Seed* das sogenannte Fermi-Paradoxon, benannt nach dem italo-amerikanischen Physiker Enrico Fermi, der seine Forschungen Ende der Fünfziger publik machte. Warum, so fragte Fermi, hat die Menschheit trotz der gewaltigen Größe und des Alters des Universums und der Anzahl seiner möglicherweise bewohnbaren Planeten nie einen Hinweis auf eine außerirdische Intelligenz gefunden?

Traditionelle Antworten auf Fermis Frage reichen von der Annahme, außerirdisches Leben sei höchst unwahrscheinlich, bis hin zu Spekulationen, die Aliens hätten sich allesamt selbst vernichtet – oder existierten und hätten uns längst entdeckt, wollten aber nicht, dass wir davon erführen. Miller hingegen offeriert einen Gedanken, auf den Fermi wahrscheinlich nicht gekommen wäre: »Ich glaube nicht, dass sich die Außerirdischen selbst in die Luft jagen. Sie werden einfach nur von Computerspielen abhängig.«

Mehr als ein Jahrhundert lang hat sich die Sciencefiction mit der Möglichkeit utopischer oder dystopischer Szenarien beschäftigt: von Aldous Huxleys düsterer Vision menschlicher Perfektion in *Schöne neue Welt* zu den humanoiden Robotern und künstlich gesteuerten Emotionen in den Büchern von Philip K. Dick.

Miller indes steht für eine eher unterschwellig besorgniserregende Richtung der Spekulation. Statt einen Himmel auf Erden zu schaffen, könnten wir uns eines Tages allesamt schlicht aus der Wirklichkeit verabschieden.

In zunehmendem Maße scheint es, als bewahrheitete sich diese Prognose zumindest in abgeschwächter Form. Der amerikanischen Spiele-Designerin und Autorin des 2010 erschienenen Buches *Reality Is Broken* zufolge verbringt die Menschheit insgesamt mehr als drei Milliarden Stunden pro Woche mit elektronischen Spielen. Das ist eine Zahl, die sich noch weiter erhöhen wird. Wir entsenden eine Massenmigration menschlicher Arbeitskraft, Aufmerksamkeit, Beziehungen und Identität in künstliche Räume, die explizit zu unserer Unterhaltung und Zerstreuung geschaffen wurden.

Die Beziehung zwischen virtuellen Aktivitäten und der individuellen Lebenszufriedenheit könne zu einem »schädlichen Immersionsdilemma« führen, warnte Edward Castronova, amerikanischer Ökonom und Erforscher virtueller Welten – zu einem Konflikt zwischen den ganz realen Freuden, die das Eintauchen in die virtuelle Sphäre bietet, und den potenziell schädlichen Auswirkungen auf das reale Dasein des einzelnen Internetnutzers und die Gesellschaft als Ganzes.

Im August 2011 veröffentlichten Castronova und der deutsche Wirtschaftsprofessor Gert G. Wagner in der Zeitschrift *Kyklos* eine Studie mit dem Titel »Virtual Life Satisfaction«. Die Studie verglich Daten aus der World Values Survey von 2005 mit einer Untersuchung aus dem Jahre 2009 unter Nutzern der virtuellen Welt *Second Life* und kontrastierte die relativen Veränderungen der Lebenszufriedenheit durch reale Ereignisse wie Arbeitslosigkeit mit den in einer Teilnahme am virtuellen Leben begründeten Abweichungen.

Der überraschendste Aspekt an Castronovas und Wagners Folgerungen war nicht, dass die Nutzung von Second Life die Lebenszufriedenheit steigerte – dies war zu erwarten gewesen, schließlich ist das Angebot komplett auf Unterhaltung angelegt. Vielmehr war es das Ausmaß, in dem die Lebenszufriedenheit zunahm. In wissenschaftlichen Studien ist die Korrelation zwischen Arbeitslosigkeit und geringer Lebenszufriedenheit eines der am deutlichsten feststellbaren Ergebnisse. Die Steigerung der Lebenszufriedenheit durch eine Teilnahme an Second Life indes war fast genauso hoch wie durch die Aufnahme einer neuen Berufstätigkeit nach längerer Arbeitslosigkeit.

Dies führe zu einigen interessanten Spekulationen, fanden die Autoren. »Bedenkt man, dass man für einen ›Umzug‹ in die Welt von Second Life kaum mehr als einen Computer und eine Internetverbindung benötigt (und natürlich Freizeit, die Arbeitslose im Überfluss haben), dann legen die vergleichbaren Wirkungen hier nahe, dass manche Menschen stärker motiviert sind, sich in ein virtuelles Leben zu flüchten, anstatt zu versuchen, ihr reales Leben zu ändern.«

Die Implikationen der Studie sind doppeldeutig. Einerseits unterstreicht sie die Tatsache, dass sich für Nutzer virtueller Umgebungen die dort verbrachte Zeit meist in emotionaler Befriedigung auszahlt. Andererseits zeigt sie uns die Grenzen des realen Lebens als Quelle von Befriedigung im Gegensatz zu simulierten Umgebungen auf – und führt zu der Frage, ob wir die wirkliche Welt verbessern, gegen die Versuchungen der virtuellen vorgehen oder am besten beides versuchen sollten.

2.

Das Konzept des »Spielens« ist in unserem digital vermittelten Leben ein bedeutendes Sinnbild, das unter anderem für die tief empfundene Freude steht, den ungelösten Problemen des Lebens in Bereiche zu entfliehen, die Gewissheit und Lösungen bieten. Wenn ich mir viele der erfolgreichsten Online-Dienste von YouTube über Twitter bis Facebook ansehe, bin ich immer wieder verblüfft, wie sehr ihre Nutzung einem Spiel gleicht, indem sie die Mühen ihrer Nutzer mit Metriken wie der Anzahl von Freunden belohnen; sie schaffen so einen steten, mitreißenden Fluss von Aktionen und Reaktionen mit Möglichkeiten zu Zusammenarbeit und Wettbewerb. Freilich müssen wir manchmal auch erwachsen werden. Doch die Verlockung dieser spielerischen Mechanismen wird bleiben. Meiner Ansicht nach zeigt dies, in welchem Maße digitales Spiel ein Fenster zur Zukunft unserer Bedürfnisse und Verhaltensweisen bietet – und wie die spielerische Freiheit dieser Räume unsere Erwartungen an die Gesellschaft und unsere Mitmenschen verändern könnte.

Ein interessanter Begriff ist in diesem Zusammenhang die sogenannte »Spielbeit« – eine Wortkombination aus »Spiel« und »Arbeit«, mit der die Zunahme realer Arbeitskraft beschrieben wird, die auf lediglich in der virtuellen Welt existente Güter verwendet wird. Sogar das Wort »existieren« an sich könnte in diesem Zusammenhang problematisch erscheinen. Sowohl meine Frau als auch ich spielen das Online-Fantasy-Spiel *World of Warcraft* seit seinem Erscheinen im Jahre 2004. Hinter unseren Spieler-Rollen stecken viele tausend Stunden Spielzeit, und ihre Ausrüstung ist in wochenlangen kühnen Unternehmungen, Abenteuern und Erkundungen in der Gesellschaft Dutzender anderer Spieler erworben. In welchem Sinne aber existieren diese digitalen »Avatare« tatsächlich? Im Grunde sind sie kaum mehr als elektrische Ladungen auf der Festplatte eines Computersystems des Unternehmens, welches das Spiel anbietet.

Die einzig denkbare Antwort auf diese Frage muss den kollektiven Glauben mit einbeziehen. Der Wert meines Avatars ist ebenso real oder irreal wie der Wert des Geldes auf meinem Konto – vielmehr ist er auf ganz ähnliche Weise abhängig von Vertrauen und Konsens. Über zehn Millionen Menschen auf der ganzen Welt haben für das Recht bezahlt, *World of Warcraft* spielen zu dürfen. Wenn einer dieser Spieler für seinen Avatar eine tolle Ausrüstung haben möchte, ohne selbst Hunderte Spielstunden zu investieren, dann sind die Bemühungen eines anderen exakt so viel wert, wie er oder sie dafür zu zahlen bereit sind; ein Kurs, der bei seinem Höchststand nicht selten über 1000 US-Dollar für einen außergewöhnlichen Avatar betrug.

Die Industrie, die einen solchen Bedarf deckt, ist zum überwiegenden Teil nicht von den Spielunternehmen genehmigt, und doch hat sie ein Volumen von Hunderten Millionen Dollar – Zeugnis für das Ausmaß des Glaubens, der Zeit und der Mühen, die mittlerweile in virtuelle Räume investiert werden. Angesichts der emotionalen Erlebnisse, welche die besten Spiele denjenigen bieten, die bereit sind, im Spiel hart zu »arbeiten«, ergibt dies in gewisser Weise sogar einen Sinn – trotz des bizarren Missverhältnisses, wenn Hunderte oder sogar Tausende von Dollar für ein virtuelles Artefakt bezahlt werden.

Es ist beispielsweise kein Zufall, dass viele der weltweit beliebtesten Spielwelten eine ländliche Einfachheit darstellen: Bauernhöfe, mittelalterliche Festungen, idealisierte Graslandschaften. Ein Spieltag kreist häufig um Themen wie Ernte oder Handel, ganz ohne die grausame Realität harter Knochenarbeit. Angefangen bei der Herstellung von Produkten, auf die wir stolz sein können, bis zu den Freuden erfolgreicher Zusammenarbeit für ein gemeinsames Ziel gibt es hier Dinge, die das Arbeitsleben in der realen Welt häufig nicht bieten kann. Zugleich kann die idyllische Einfachheit der sofortigen Belohnung einer geschickten Handlung durch ein attraktives Resultat – und sei es virtueller Natur – auf ihre Weise ebenso befriedigend sein wie die Fertigung einer realen Holzschüssel oder das Backen eines Brotes.

Ich bin niemand, der – abgesehen von meinen verschiedenen monatlichen Abonnements – in virtuellen Welten echtes Geld ausgibt oder verdient. Doch fällt es mir schwer, eine klare Grenze zwischen 50 Pfund für ein Paar Markenjeans und derselben Investition in eine virtuelle Designer-Ausrüstung für einen Avatar zu ziehen. Das eine kann man berühren, das andere nicht. Beides braucht man nicht unbedingt – und die virtuelle Variante kann im Zweifel mehr Freude bereiten als die reale.

Dieselben grundlegenden wirtschaftlichen Erwägungen bestimmen sämtliche solcher Käufe, deren Motivation nicht der inhärente Wert ist, sondern die Position, welche diese Objekte in verschiedenen Zusammenhängen der Knappheit, der Wahrnehmung, der Information und der Darstellung einnehmen.

Bereits die Bezeichnung eines Objekts als »virtuell« kann in diesem Zusammenhang irreführend sein. Wenn wir anerkennen, dass der Besitz von Daten und

Pixeln ein ebenso ernstzunehmendes Geschäft ist wie der Ölhandel, dann wird die Regulierung unregulierter Transaktionen in zunehmendem Maße zu einer ganz realen Notwendigkeit – nicht zuletzt deshalb, weil derartige Objekte auf völlig neuartige Weise geschaffen, besessen und erworben werden. Wo der kollektive Glaube regiert, kann nur eine ökonomische Struktur überleben, welche bei den Nutzern tatsächlich auch Vertrauen schafft – etwas, das virtuelle Aktivposten am Ende als attraktivere Investition erscheinen lässt als viele sogenannte »reale«.

3.

Was die virtuelle Realität angeht, so ist das Eintauchen in eine mittelalterliche Scheinwelt längst nicht mehr der letzte Schrei. In den achtziger und neunziger Jahren schien es, als läge die interessanteste Zukunft der digitalen Unterhaltungsmedien in möglichst real anmutenden virtuellen Welten. Nur ein Jahrzehnt später jedoch wird zunehmend klar, dass die Zukunft des Online-Entertainments weniger wie *Matrix* aussehen könnte als etwas, das in seiner Reichweite gleichzeitig simpler und breiter angelegt ist.

Spieler, die zu ungeduldig sind oder keine Zeit haben, sich mühsam im Spielkosmos hochzuarbeiten, können die digitale Plackerei nach China auslagern und andere für sich spielen lassen – natürlich gegen Bezahlung.

Wie bereits erwähnt, hat *World of Warcraft*, das lukrativste Online-Rollenspiel der Geschichte, in den sieben Jahren seit seiner Einführung etwa zehn Millionen Abonnenten angelockt. Seit seinem Erscheinen im Dezember 2009 hat indes eine ganz andere Spezies von Spiel erfolgreich Einzug im Leben einer halben Milliarde Nutzer gehalten: *Angry Birds*.

Angry Birds ist ein Spiel von beinahe elementarer Einfachheit. In einer hübschen, zweidimensionalen Comic-Welt haben böse Schweine den Titel gebenden Vögeln ein paar Eier gestohlen. Die Aufgabe des Spielers besteht nun darin, den Vögeln dabei zu helfen, diese wiederzubeschaffen. Dazu müssen unzählige wackelige Befestigungsanlagen der Schweine durch Katapultschüsse von einer festen Position aus zerstört werden.

So etwas bezeichnet man auch als »Physik-Spiel«, weil der Spaß darin besteht, den Winkel und die Stärke einer begrenzten Anzahl von Schüssen so geschickt zu wählen, dass die Befestigungen demoliert und die Schweine getroffen werden. Abgesehen von einigen unterschiedlichen Vogelarten – die als Munition dienen – ist dies eine komplette Zusammenfassung des Spiels. Auf einem Touchscreen-Gerät wie einem Smartphone oder einem Tablet spannt man das Katapult mit dem Finger, zielt und lässt los. Und noch einmal. Viele tausend Mal.

Angry Birds ist ein Kind der jüngsten Phase in der Entwicklung der Spieletechnologie. Inzwischen gibt es in Form von Smartphones und Tablets leistungsfähige, mobile Computer. Beinahe über Nacht waren elektronische Spiele nicht mehr die Domäne selbst ernannter »Gamer«, die auf teuren Konsolen und hochgerüsteten Computern spielten. Im Gegenteil: Elektronische Spiele sind heute zunehmend ein Massenzeitvertreib.

In der U-Bahn, beim Warten auf einen Termin, sogar im Aufzug oder auf der Rolltreppe bieten Spiele wie *Angry Birds* selbst innerhalb weniger freier Minuten ein immens fesselndes Vergnügen. Sie verbannen die Langeweile aus dem Alltag; sie erfordern Geschicklichkeit, Anstrengungen werden belohnt. Sie tun somit genau das, was sich Geoffrey Miller 2006 vorstellte, als er die vergnügungssüchtigen Außerirdischen beschrieb, die keinerlei Interesse mehr daran haben, im Universum nach anderen Lebensformen zu suchen. Ob *Angry Birds* oder *Warcraft* – die psychologischen Mechanismen, die ein gutes Spiel ausmachen, sind in ihrer Grundstruktur stets jenen ähnlich, die eine positive digitale Erfahrung bewirken.

Sie umfassen einen begrenzten und abgegrenzten Schauplatz, an dem die endlose Komplexität der Wirklichkeit durch etwas Einfacheres und Intensiveres ersetzt wird: eine Reihe von Problemen, die es zu lösen gilt, erforderliche Handlungen, die bei richtiger Ausführung garantiert die erwünschte Wirkung zeigen. In diesem Sinne ist *Angry Birds* tatsächlich eine Utopie: ein unveränderlicher Garten Eden mit Gras, blauem Himmel, Vögeln und Schweinen, in dem jeder einzelne Spieler am Ende jedes einzelne Level meistern kann – und wo der Erwerb der dazu erforderlichen Fähigkeiten ein größtenteils vergnüglicher Vorgang ist.

In soziologischen Begriffen stellt *Angry Birds* ein sogenanntes »zahmes Problem« dar. Diese *tame problems* wurden erstmals 1973 von den Gesellschaftstheoretikern Horst Rittel und Melvin Webber untersucht und umfassen Spiele wie Schach sowie die meisten mathematischen Aufgabenstellungen. Es sind Probleme, bei denen die mit der Lösung befasste Person über sämtliche erforderlichen Daten verfügt und von Anfang an weiß, dass es eine abschließende Lösung oder These gibt.

Ganz anders die sogenannten *wicked problems*, die »bösartigen« Probleme, bei denen sich die eigentliche Aufgabe nicht klar definieren lässt, ganz zu schweigen von einer einzigen oder gar definitiven Lösung. Jedes dieser Probleme besteht aus einer einzigartigen Kombination verschiedener Umstände, die ihrerseits mit anderen Problemstellungen verzahnt sind. Ein typisches

»bösartiges« Problem wäre etwa die wirtschaftliche Gesundheit eines Landes oder eines Unternehmens oder die Frage nach dem besten Handlungsablauf im Leben eines Menschen. In jedem dieser Fälle ist die einzige Lösung, auf die man hoffen kann, eine Strategie, mit der sich bestimmte Aspekte des Problems »zähmen« lassen: Zerlegt in einzelne Elemente wird eher erkennbar, wie man diese jeweils besser oder schlechter angehen kann.

So gesehen ist das Leben selbst ein »bösartiges« Problem. Einer der bekanntesten Witze des Sciencefiction-Genres findet sich in Douglas Adams' Buch *Per Anhalter durch die Galaxis*. Darin verspricht ein Supercomputer die abschließende Antwort auf die Frage nach »dem Leben, dem Universum und dem ganzen Rest« – sie lautet: 42. Der Witz basiert auf der absurden Diskrepanz zwischen Aufgaben, die sich mit einer Zahl lösen lassen, und dem ganz und gar anderen »Problem«, welches das Leben darstellt. Allein die Vorstellung, dass es für das Leben (ganz zu schweigen vom »Universum und dem ganzen Rest«) eine ähnliche Lösung gibt wie für eine Partie Schach oder eine Runde *Angry Birds*, ist ein höchst vergnüglicher Nonsens.

Beim Spiel ziehen wir das Zahme dem Bösartigen vor. Dies ist ein elementarer Grund dafür, warum wir so gerne spielen, und auch, weshalb es im gesamten Tierreich eine solch hohe Bedeutung besitzt. Das Spiel ist ein sicherer Zustand, in dem wir Fähigkeiten erwerben, von Koordination und Kampf bis hin zu Schnelligkeit und Tarnung. Wir spielen, um fürs Leben zu üben – weil das Leben keine Übung ist. In der wirklichen Welt gibt es Ereignisse und Gelegenheiten nur ein einziges Mal. Das ist »die unerträgliche Leichtigkeit des Seins«, um es mit den Worten des tschechischen Schriftstellers Milan Kundera zu formulieren.

4.

Vorhersehbarkeit und Wiederholbarkeit zählen zu den größten Freuden der digitalen Sphäre. Jeder kann der Held seiner eigenen Geschichte sein und dabei Fortschritte und Erfolge erleben. Wer gelangweilt oder entfremdet ist, kann seine Lebenszufriedenheit mit einer Leichtigkeit steigern, der die Realität nicht hinterherkommt – oder sich aus unerträglichen Umständen zurückziehen.

Im November 2008 beschrieb die britische Romanautorin Naomi Alderman im *Guardian*, wie sie 2001 in Manhattan durch Videospiele einer Wirklichkeit entfloh, die nach den Anschlägen vom 11. September temporär zu einem unerträglichen Maß mit Angst erfüllt war.

Aldermans Lieblingsspiel war *Diablo II*. In einer Fantasiewelt voller Dämonen und Legionen Untoter spielt man die Heldenfigur und kann sich mit Freunden zusammenschließen, um eine feindliche Übermacht zu bezwingen. »Ich erinnere mich, dass ich mich nach vier Stunden *Diablo II* fühlte, als käme ich von einer Ferienreise zurück«, schrieb sie. »Ich war dankbar für die Möglichkeit, die Bilder wahren Grauens auszublenden, die meine Stadt erfüllten. Das Spiel fesselte mich derart, dass für das sorgenvolle Grübeln, das meine übrige Zeit einnahm, kein Platz mehr blieb. Das war ein unglaublicher Segen.«

In Spielwelten wie der von *Diablo II* – eigentlich innerhalb der Grenzen jedes gut durchdachten digitalen Angebots – lassen sich ein paar der bösartigsten Probleme des Lebens wenigstens zeitweise durch eine zahmere Spezies von Erlebnissen ersetzen. Schriftsteller und Theoretiker wie Jane McGonigal haben dargelegt, dass dieses Prinzip zudem auch eine Stufe höher angewandt werden kann, indem man die Lektionen aus den besten Spielen und Technologien überträgt, um die eigene Wirklichkeit »besser« zu machen. Soll heißen: Wir können versuchen, im Lichte der neuen Technologien und ihrer üppigen Fülle verhaltensbezogener Daten reale Prozesse der Gratifikation, des Engagements, der Bildung und der Zusammenarbeit zu verfeinern – ein Vorgang, der bisweilen mit dem erschreckend hässlichen Begriff *gamification* – »Verspielerung« – zusammengefasst wird.

Ein simples Beispiel ist der Energieverbrauch im Haushalt: ein ausgesprochen unschickes Thema, aber ein wichtiger Bestandteil der meisten Konzepte zur Senkung globaler CO_2-Emissionen. Es deutet vieles darauf hin, dass der Austausch des herkömmlichen Stromzählers gegen einen, der den Verbrauch in Echtzeit anzeigt, den Menschen eher bewusst macht, wie viel Energie ihre einzelnen Haushaltsgeräte verbrauchen. Einige Spieledesigner und Psychologen wollen diese Art technisches Feedback-Prinzip noch wesentlich weiter ausdehnen und greifen dazu auf Erkenntnisse aus der Spielentwicklung zurück.

Menschen verschiedene Aufgaben und Ziele zu stellen kann mittel- bis langfristig beispielsweise Motivation und Engagement fördern. Dasselbe gilt für den Austausch von Informationen und den Austausch mit Nachbarn oder der Nachbarschaft: Man ermutigt andere, sich noch mehr anzustrengen und bessere Strategien zu verfolgen. Dann gibt es noch weitere Möglichkeiten, etwa die Vergabe von Punkten für verschiedene Tätigkeiten oder Leistungen und deren Verbindung zu einlösbaren Belohnungen, Bestenlisten, Bildungs- und Referenzsystemen. Schon Mark Twains Tom Sawyer wusste 1876, dass man selbst das Anstreichen eines Zaunes zu einer spannenden Tätigkeit machen konnte, wenn es einem gelang, die Bewältigung dieser Aufgabe als besondere Leistung erscheinen zu lassen.

In jedem Fall sind die psychologischen Erkenntnisse nichts bahnbrechend Neues. Neu ist allerdings der Grad der Verfeinerung und Automatisierung, den digitale Technologien in der Praxis aufweisen, sowie die Beispielfunktion der erfolgreichsten digitalen Spiele und Angebote der Welt.

Diese Art von Erkenntnissen ist nicht auf jede beliebige Situation anwendbar. Dennoch glaube ich, dass man hinter ihnen die Gestalt eines produktiven Dialoges zwischen den besten digitalen Partizipationstechnologien und Verbesserungsbestrebungen in den unterschiedlichsten Bereichen von Umweltbewusstsein bis hin zu politischer Partizipation erahnen kann.

Insbesondere, was das Lernen betrifft, sehen wir bereits an den Gewohnheiten und Fähigkeiten der ins digitale Zeitalter hineingeborenen Generation, wie die Lektionen aus Computerspielen mit der Zeit sowohl die Inklusivität als auch die Effizienz von Bildungssystemen verändern könnten.

Als Spezies empfinden wir nach Hunderttausenden von Jahren der Evolution bestimmte Dinge als befriedigend. Heute haben wir mit einer außergewöhnlichen Form des sogenannten Reverse Engineering begonnen: Zu unserem Vergnügen schaffen wir künstliche Welten und Räume ohne die Enttäuschungen und Komplexitäten der Natur. Die zu erwartende Verstärkung der Potenziale unserer Spezies durch diesen Vorgang ist unglaublich. Zusammen sind wir unermesslich viel mehr, als wir es je waren.

Trotz unseres Potenzials sind wir verwundbar. Wir können es uns nicht leisten, die Tatsache aus den Augen zu verlieren, dass in der zahmen Sphäre unserer eigenen Schöpfung keine vollkommenen Lösungen für das Leben existieren. In einem Spiel wie *Angry Birds* ist eine gewisse Perfektion möglich. Mit genügend Zeit und Übung kann jeder der weltweit Hunderten Millionen von Nutzern auf jedem Spiellevel drei von drei Sternen erreichen. In der realen Welt gibt es so etwas nicht und kann es so etwas nicht geben. Wir bekommen Schwierigkeiten, wenn wir dies erwarten oder es uns nicht gelingt, Strategien zu entwickeln, mit den bösartigen, nicht lohnenden, einmalig auftretenden Kümmernissen des Lebens fertigzuwerden.

8 Die neue Politik

1.

Was haben die Tea Party in den USA, die in Skandinavien gegründete Anti-Copyright-Piratenpartei, die Geschehnisse des Arabischen Frühlings und die globale Protestbewegung Occupy gemeinsam? Gelinde gesagt, gibt es nur äußerst wenige ideologische Schnittmengen. Alle stehen jedoch für eine neue Form der Politik, die sich über die vergangenen paar Jahrzehnte entwickelt hat und die auf der »viralen« Verbreitung von Ideen und Ideologien basiert sowie auf Formen politischen Handelns, die mehr an die Wahrnehmung von Bürgerrechten denn an herkömmliche Parteioperationen von oben nach unten erinnern.

Um zu partizipieren, muss man nur die ideologischen Inhalte überprüfen, digitale und konventionelle Mittel zur Organisation der eigenen Handlungen bereitstellen und unter dem Banner der jeweiligen Bewegung mit der politischen Aktivität beginnen. Es gibt vielleicht Führungsfiguren, aber keine durchgehende Befehlskette. Für gewöhnlich ist es zwar nicht ganz eindeutig, welche Veränderungen eine solche Bewegung von der Welt einfordert, jedoch weitaus klarer, wogegen sie sich wendet. Solange die Machthaber nicht – wie in Teilen des Nahen Ostens geschehen – mit brutaler Gewalt reagieren, können die daraus folgenden Konsequenzen durchaus transformierend und sogar revolutionär sein.

Der britische Schriftsteller und Philosoph Ren Reynolds prägt eine Metapher, nach welcher diese politischen Trends wie Wellen auf einem Fluss sind – während die Substanz, die ihre Existenz erst ermöglicht, also das fließende Wasser selbst, die neue Realität eines digital vernetzten Zeitalters darstellt.

Mit zunehmender Vernetzung untereinander beginnen wir die Politik unter neuen Gesichtspunkten zu sehen. Offizielle Parteizugehörigkeit und Wahlbeteiligung sind während der letzten 50 Jahre in den meisten entwickelten demokratischen Ländern stetig zurückgegangen. Das Vertrauen in Politiker befindet sich fast überall auf einem historischen Tiefstand, und die traditionellen Hüter der öffentlichen politischen Meinung – Presse und Rundfunk – stehen in der Gunst und im Interesse des Publikums kaum besser da. Sieht man sich trotzdem die neuesten Schlagzeilen an, fällt es schwer, nichts über Nachrichten von politischen Aktionen zu lesen, an denen bemerkenswerte Anzahlen unterschiedlichster Menschen beteiligt sind: globale Proteste gegen

Occupy Seattle: Eine Welle auf der Oberfläche einer politischen Weltordnung im Umbruch.

einen bestimmten Fall von Ungerechtigkeit; finstere Organisationen, die Unzufriedenheit und Schrecken säen.

Während der Arbeit an diesem Buch, Ende 2011, erlebten sowohl London als auch New York Besetzungen der Stadtzentren durch die Anti-Konzern-Protestbewegung Occupy – eine Bewegung, die dank alter und neuer Medienaufmerksamkeit in über 900 anderen Städten weltweit gleichzeitig imitiert wurde, in Ländern von Honduras und Bolivien über Deutschland und Japan bis hin zu Serbien und Indien. Den »Prinzipien der Solidarität – Arbeitsentwurf« zufolge, die sich auf der üppigen Webseite der ursprünglichen US-Initiative finden, wagt die Bewegung, sich »eine neue gesellschaftspolitische und wirtschaftliche Alternative vorzustellen, in welcher Gleichheit besser möglich ist«.

Darüber hinaus bietet die Seite all jenen, die andernorts dasselbe tun möchten, einen »kurzen Leitfaden, wie man eine große Versammlung organisiert«. Das ist eine Ernsthaftigkeit, über die man sich leicht mokieren kann; doch stellen die Leidenschaft und die schiere Masse von Kommentaren, Diskussionen und praktischem Sachwissen einen ernüchternden Gegenpol zu dem eklatanten Mangel an positivem öffentlichen Input zu den meisten Themen der Mainstream-Politik dar.

Nicht umsonst erklärte die Zeitschrift *Time* den »Protestler« zum Menschen des Jahres 2011, weil er »die ältesten Techniken mit den neuesten Technologien verbindet ... und den Planeten auf einen demokratischeren, wenngleich bisweilen auch gefährlicheren Kurs für das 21. Jahrhundert bringt«.

Wie in vielen anderen Bereichen hat die neue Technologie auch die Grenzen politischen Handelns grundlegend verschoben. Für die Bürger des 21. Jahrhunderts, die dank des Internets über neue Möglichkeiten der Kontaktaufnahme und der Partizipation in Gruppen mit vielen tausend oder gar Millionen von Mitgliedern verfügen, ist »Politik« weniger eine Folge einzelner Handlungen als vielmehr ein Teil des ständigen Auf und Ab ihres Alltags. Ob wir uns unserer Partizipationsmöglichkeiten bewusst sind oder nicht, ist eigentlich kaum von Bedeutung: Unwissenheit hat ebenso politische Auswirkungen wie Aktivismus. Heute, da sich von der örtlichen Verwaltung bis zur Steuererhebung, Wahlen und persönlichen Daten alles unaufhaltsam in Richtung globaler digitaler Netzwerke verlagert, nehmen die Risiken sowohl politischen Handelns als auch politischer Schwerfälligkeit gleichermaßen zu.

2.

Seit der kommerziellen Öffnung des Internets und der Schaffung des World Wide Web im Jahre 1989 berichten die digitalen Medien zunehmend nicht mehr nur über die aktuelle Politik, sondern tragen aktiv zu ihrer Gestaltung bei. Von weltweiten Protestaktionen bis hin zu Wikileaks und dem globalen Hacker-Kollektiv Anonymous verschieben sich die alten Machtgleichgewichte heute mit bemerkenswerter Geschwindigkeit und entgleiten jenen Minderheiten, die während des größten Teils der Menschheitsgeschichte Wissen und organisatorische Mittel monopolisiert haben.

Die verführerische Annahme, der Zugang zum Internet ließe sich mit demokratischer Freiheit einfach gleichsetzen, wird der Komplexität der Situation jedoch nicht gerecht. Nehmen wir nur einmal die offensichtlichste Ausnahme: In China gibt es – mit über 300 Millionen Nutzern, Tendenz steigend – sowohl die größte Online-Gemeinde als auch das raffinierteste Regime zu deren Überwachung, Zensur und Kontrolle. Digitale Werkzeuge können viele Freiheiten fördern, aber ihre Geschichte ist keinesfalls simpel. Es ist bei weitem nicht wahrscheinlich, dass sie entweder in einer Revolution oder nachhaltigen Reformen mündet.

Bei alledem ist die größte Gefahr vielleicht nicht die Apathie, sondern die Naivität: das Versäumnis, die Möglichkeiten und Fallstricke der uns zur Verfügung stehenden Technologie in vollem Umfang zu erfassen. Denken wir an Privatsphäre und Online-Sicherheit. Die simple Tatsache, dass jeder von uns eine Reihe für alle Ewigkeit sichtbarer digitaler Fußabdrücke hinterlässt, wirft grundlegende rechtliche und ethische Fragen auf – Fragen, bei deren Beantwortung die meisten Staaten viele Jahre hinterherhinken.

Was bedeutet Privatsphäre im Internet, was sollte sie bedeuten – und welches Maß an Kontrolle sollten wir über Informationen aller Art noch ausüben können, wenn wir sie einmal in die Welt hinausgeschickt haben? Das ist eine politische Frage, mit deren Beantwortung sich viele Gesetzgeber und Bürger gleichermaßen schwertun. Der Vorstellung, dass wir in einem digitalen Raum als Konsumenten und als Bürger »Rechte« besitzen, wird jenseits der Definitionen offensichtlicher Kriminalität bislang kaum Rechnung getragen. Existierende rechtliche Modelle auf die durch das Internet entstandenen transnationalen Räume anzuwenden, ist obendrein ausgesprochen schwierig, insbesondere, wenn es um Eigentumsrechte und den Schutz von Gütern geht, deren physische Realität aus bloßen Partikeln in einer elektronischen Datenwolke besteht.

Eine umfassende Gesetzgebung in diesem Bereich wird noch viele Jahre, wenn nicht gar Jahrzehnte brauchen. In der Zwischenzeit liegt die Last der Verantwortung bei gewöhnlichen Nutzern und Unternehmen, eine Basis zu schaffen, auf der ein sicherer Umgang mit persönlichen Informationen in stetig wachsender Menge gewährleistet ist. Des Weiteren müssen wir Kriterien erarbeiten, anhand derer wir für unser breiter angelegtes Handeln in digitalen Räumen – von sozialen Netzwerken zu E-Mails und Uploads – nicht nur beurteilt, sondern auch haftbar gemacht werden können.

Es besteht kein Zweifel daran, wie politisch aktuell diese Themen bereits geworden sind. Nach Unruhen in Großbritannien im August 2011 wurden zwei Männer, die unabhängig voneinander per Facebook-Nachrichten Randale in Northwich angezettelt hatten, zu jeweils vier Jahren Haft verurteilt, obwohl sie danach an keinem der Vorfälle beteiligt gewesen waren und selbst auch keinen physischen Schaden verursacht hatten. Sie hätten, so der Richter, »als sich Gerüchte bevorstehender Gewaltakte verbreiteten, in den Gemeinden vor Ort Panik ausgelöst und so bewirkt, dass die Stimmung umschlug« – ein merkwürdiges Spiegelbild der bekannteren Geschichte von den »guten« regierungsfeindlichen Demonstranten, die andernorts für den Versuch eingesperrt werden, politische Aktionen zu organisieren oder Informationen zu verbreiten.

3.

Es ist klar, dass wir in der Diskussion um eine digitale Politik schnell erwachsen werden müssen – dazu gilt es zunächst herauszufinden, wo die wirklich wichtigen Fragen liegen. Der Autor Evgeny Morozov schrieb in seinem 2011 erschienenen Buch *The Net Delusion*: »Die Technologievisionäre, denen wir vertrauen, dass sie uns in eine bessere digitale Zukunft führen, könnten sich ebenso darin überbieten, die falschen Probleme zu lösen ... Da der einzige Hammer, den solche Visionäre besitzen, das Internet ist, überrascht es nicht, dass jedes soziale und politische Problem als Online-Nagel dargestellt wird.« Morozov weist damit auf etwas sehr Wichtiges hin: Wenn es eine Hoffnung gibt, dann liegt sie darin, Technologien nicht isoliert zu betrachten, sondern vielmehr als Teil der jeweiligen sozialen und kulturellen Kontexte, in denen sie angewandt werden.

Was die direkten Auswirkungen der neuen Technologien auf die Politik selbst betrifft, müssen wir zunächst fragen, welche neuen Formen politischen Handelns digitale Netzwerke denn eigentlich gestatten – und welche älteren Formen entweder in neuem Maße vereinfacht oder zunehmend irrelevant werden.

Hier gibt es drei Schlüsselfaktoren: die Möglichkeit des Einzelnen, zu dokumentieren, was um ihn herum geschieht und was er denkt; die Einfachheit, mit der solche Dokumente veröffentlicht und verbreitet werden können; und schließlich die ähnlich gelagerte Einfachheit, mit der sich massierte Formen der Aktivität kurzfristig organisieren lassen, welche dann wieder dokumentiert und kommuniziert werden können. Dies war im Wesentlichen das Handlungsmuster, das die Anfänge des Arabischen Frühlings in Tunesien und Ägypten definierte – ein Muster, das nicht so sehr von einem unzweifelhaften moralischen Ansehen geprägt war als von seiner Neuheit und Wirksamkeit in Regionen, die lange Zeit streng kontrolliert worden waren.

Selbst wenn diese Technologien und Trends die Bürger gegenüber zentralen Machthabern in Vorteil setzen, ist es schwer zu sagen, welche »Online-Nägel« reines Wunschdenken darstellen und wo es sich am ehesten lohnt, Regierungsgelder und individuelle Anstrengungen zu investieren.

Einer der bedeutendsten globalen Denker auf diesem Feld ist der amerikanische Wissenschaftler Tim

Wu. Die normale Medienentwicklung sei stets eine Reise von einer neuen Offenheit hin zu einem Monopol, schreibt er in seinem 2010 erschienenen Buch *The Master Switch*. Zu Beginn des 20. Jahrhunderts schürte die Geburt des Rundfunks in Amerika und andernorts Hoffnungen, dass diese neue Technologie eine Ära nie da gewesener demokratischer Partizipation einläuten würde. Was in den zwanziger und dreißiger Jahren aber tatsächlich geschah, war die Entwicklung des Rundfunks von einem »offenen Medium« zu einem »großen Geschäft, das von einem Radio-Trust beherrscht wurde«, also eine ökonomische Schließung von Möglichkeiten, durch welche die Freiheit der Meinungsäußerung stärker beschnitten wurde als durch alle Regierungsmaßnahmen.

Im Falle des Internets hingegen, so Wu, geschehe etwas anderes als bei Druckmedien, Fernsehen oder Radio. Die einzigartige Struktur des Internets – dessen »Priorität stets nicht das System selbst, sondern der konkrete Nutzen für den Menschen war« – habe bewirkt, dass »ein dezentrales Netzwerk geschaffen und in dieser Form auch aufrechterhalten wurde«. Dennoch seien »politische Einflussnahme und Kontrolle des Internets« keinesfalls unmöglich – sie seien nur wesentlich schwieriger als bei allen anderen Medien.

Beobachtet der »Große Bruder« uns – und unseren Facebook-Account?

Autoritären Regimes stünden, wenn sie es geschickt anstellten, tatsächlich die Machtmittel zur Verfügung, um digitalen Protest oder die Möglichkeiten dazu großteils zu unterbinden. Ebenso können eine fehlgeleitete Gesetzgebung oder böswillige Unternehmenspraktiken viele der momentan geltenden Werte des offenen Internets aushebeln oder Konsumenten auf der Suche nach Sicherheit und Bequemlichkeit direkt in die Arme von Zensoren und Monopolisten treiben. Alles hängt davon ab, wie wachsam wir gegenüber solchen Möglichkeiten sind – das gilt insbesondere auch für unsere gewählten Politiker und diejenigen, die wir für das Privileg des Internetzugangs bezahlen.

»Das Internet«, so Wu, »ist eben nicht das unendlich elastische Hirngespinst, für das man es gemeinhin hält, sondern vielmehr eine echtes, physisches Gebilde, das verzerrt oder zerstört werden kann. Das Netzwerk ist zwar so strukturiert, dass es jeden Nutzer mit jedem beliebigen anderen auf dem Planeten gleichberechtigt verbinden kann, doch basiert es seit jeher auf einer endlichen Anzahl physischer Kabel- oder Spektralverbindungen, betrieben von einer begrenzten Anzahl Firmen, von deren Wohlverhalten das Ganze abhängt.«

Je eher wir uns das gesamte Ausmaß der Konsequenzen vor Augen führen, die sich daraus ergeben, desto besser. Die der digitalen Kultur zugrundeliegenden offenen Strukturen lassen sich mit bestehenden politischen und wirtschaftlichen Strukturen oft nur schwer in Einklang bringen – die besten Resultate für den Einzelnen und die Welt können nur aus Verhandlungen entstehen, bei denen alle Beteiligten mit gleichen Mitteln und gleichem Wissen ihre Standpunkte verteidigen können.

Was jedoch vielleicht mit Blick auf die globale Perspektive am wichtigsten erscheint, ist, dass die Früchte dieses Prozesses nicht nur vorrangig von den Reichen oder der momentanen Elite geerntet werden können, sondern von jenen Völkern und Nationen, die historisch nicht an der Spitze technisch-sozialer Entwicklung standen. Wie die jüngsten Unruhen im Nahen Osten und in Nordafrika zeigen, sind diejenigen, welche die Möglichkeiten des digitalen Zeitalters am leidenschaftlichsten wahrnehmen, nicht dessen Pioniere, sondern diejenigen, die vom Überspringen einer kompletten Technologiegeneration den größten Nutzen haben.

Nehmen wir Indien, ein Land, in dem es kein Äquivalent zum amerikanischen Sozialversicherungssystem oder der British National Insurance gibt, wo von einer Bevölkerung von 1,2 Milliarden nur 33 Millionen Menschen Einkommensteuer zahlen und nur 60 Millionen einen Pass besitzen. Wie die Zeitschrift *New Yorker* im Oktober 2011 berichtete, »sind Hunderte Millionen Inder für den Staat kaum sichtbar ... Sie können nicht einfach ein Bankkonto eröffnen oder SIM-Karten für ihr Handy kaufen, geschweige denn, sich die staatlichen Leistungen sichern, die ihnen eigentlich zustehen.«

Die indische Regierung möchte dies durch eine massive digitale Initiative ändern, deren Ziel es ist, für jede in Indien lebende Person eine beliebig gewählte, einzigartige zwölfstellige Zahl zu vergeben, die an biometrische Daten gekoppelt ist: ein Foto, Fingerabdrücke und Augenscans. An der Spitze dieser Initiative steht ein gewisser Nandan Nilekani, Gründer des indischen Softwareunternehmens Infosys (1981) mit einem heutigen Marktwert von beinahe 30 Milliarden Dollar. Nilekanis Initiative wird, milde ausgedrückt, landesweit kontrovers diskutiert. Dabei geht es um alle möglichen Sorgen von der Finanzierung und Glaubwürdigkeit bis hin zu persönlicher Sicherheit, Durchführbarkeit und der Nähe des Programms zu anderen nationalen Identifizierungssystemen.

Obwohl das Programm bis zum März 2012 offiziell bereits 200 Millionen Menschen erfasst haben soll, bleibt während der Arbeit an diesem Buch seine langfristige Ausdehnung doch in der Schwebe. Es könnte

Hunderten Millionen von Indern eine neue Beziehung zu ihrem Staat ermöglichen, welche auf dem Grundprinzip einer verifizierten Identität und der sich daraus ergebenden sozialen Beteiligung basiert. Daneben jedoch birgt das Programm aber auch viele Gefahren – von der massiven Ressourcenverschwendung bis zur Beschneidung bürgerlicher Freiheiten.

4.

Vor dem Hintergrund der Weise, wie digitale Technologien in den Entwicklungsländern umgestaltend eingesetzt werden, erscheinen Nilekanis hochfliegende Pläne – und die damit verbundenen Sorgen – als vertrautes Muster. Für Millionen von Menschen könnten sich ganz neue Formen der Partizipation und Teilhabe ergeben, wohingegen die damit einhergehenden Gefahren der neuen Hebelwirkung entspringen, die eine kleine, korrupte, zynische oder gefährlich inkompetente Gruppe über die neuen Systeme ausüben könnte.

Bei alledem gibt es bereits einiges zu feiern; und der Umfang und die Geschwindigkeit der Veränderung sind verblüffend. In Süd- und Mittelamerika etwa gehören auf Mobilfunkkonten basierende Bankgeschäfte mehr und mehr zum Alltag, ebenso wie die Möglichkeit zur Steuerzahlung und sogar politische Wahlen via Mobiltelefon. Landwirtschaft und Handel werden durch den mobilen Zugriff auf Preis- und Marktinformationen radikal verändert.

Um nur ein Beispiel zu nennen: Der Mobilfunkzugang in Bangladesch, einem Land, das bis 1999 über keinerlei moderne mobile Netzwerke verfügte, erreichte 2010 eine »virtuelle« Durchdringung von 100 Prozent, was bedeutete, dass praktisch kein Bangladeschi ohne Zugang zur mobilen Kommunikation war, und sei es über Familienmitglieder, Freunde oder Bekannte. In Afrika gibt es derweil über 600 Millionen Mobilfunknutzer – mehr als in Amerika oder Europa.

Die digitale Technologie verbindet Leistungsstärke mit Flexibilität und lässt sich selbst den einfachsten Lebensumständen und Bedürfnissen problemlos anpassen; daher ist sie in diesen Ländern bestens für ihren Zweck geeignet. Es ist das vollkommene Gegenteil des Luxus, der Maßlosigkeit und der Entfremdung, die man allzu oft mit den gesellschaftspolitischen Auswirkungen der neuen Technologien in der westlichen Welt assoziiert – ein Phänomen, das nicht von oben aufgezwungen wurde, sondern tief in der Gesellschaft wurzelt und deshalb umso dynamischer ist.

Bei der Zerschlagung etablierter Vorstellungen davon, was politisch ist und was nicht, spielt Technologie weltweit eine zunehmend zentrale Rolle. Deshalb ist es keinesfalls naiv zu hoffen, dass neben neuen Formen der Vernetzung und der Identität auch neue Formen politischer Partizipation und Integration entstehen könnten. In den offenen Strukturen, auf die sich große Teile dieser Technologie stützen, liegt obendrein ein junges, einzigartiges Vermächtnis, das es weiterzuentwickeln und zu vererben gilt.

Ganz ähnlich wie die traditionelle politische Bühne sind auch die digitalen Räume, in denen neue Formen politischer und sozialer Verträge geschlossen werden, ständig durch Konflikte, Verhandlungen und Kompromisse belastet. Um gemeinsam zu profitieren, müssen wir bereit sein, innerhalb dieser Räume für unsere Freiheit einzutreten – für die Freiheit, die eigene Meinung zu äußern und zu protestieren; für gleiche und offene Zugangsmöglichkeiten; für die Privatsphäre und den Schutz von Informationen.

In all diesen Bereichen besteht ein dringender Gesetzgebungs- und Regulierungsbedarf. Letztlich jedoch sind die Kräfte, die unsere politische Zukunft formen, gleichzeitig fließend und höchst dezentral: Wie nie zuvor sind sie auf sich überschneidende Gruppierungen,

Bewegungen und Interessen verteilt. Einzelne, zentralisierte Lösungen werden uns nicht retten oder schützen können. Man kann gute neue Geschäfte abschließen und bereits ausgereifte Formen der Inklusivität erforschen – aber nur, wenn alle Beteiligten genügend Wissen, Ehrgeiz und gegenseitiges Vertrauen in die menschliche Handlungsfähigkeit aufbringen.

Schluss

Ich habe in diesem Buch acht miteinander verwobene Argumentationsstränge verfolgt und, ausgehend von der individuellen Erfahrung von Zeit, Aufmerksamkeit und Vernetzung, dabei die größeren äußeren Strukturen betrachtet: die kulturellen, politischen und ethischen Fragen, die durch die digitale Technologie aufgeworfen werden. Daneben habe ich versucht, Anleitungen zu geben, wie man von diesen neuen Gegebenheiten profitieren kann.

Ich bin davon überzeugt, dass wir für ein Verständnis der Gegenwart zuallererst das Wesen unserer Erlebnisse und Erfahrungen betrachten müssen und nicht die Werkzeuge, die sie uns ermöglichen. Wir müssen die besten dieser Erlebnisse wertschätzen, in unserem Leben aber auch einen technologiefreien Raum schaffen und unsere Aufmerksamkeit und unsere Zeit sorgsam einteilen, statt Geräten zu gestatten, unseren Tagesablauf zu diktieren. Das bedeutet, innerhalb unserer Denk- und Handlungsgewohnheiten eine Balance zu finden – und darauf zu vertrauen, dass es möglich ist, anders zu denken und sich gegen den Druck ständiger Erreichbarkeit zu wehren.

Daneben müssen wir auch etwas von der Geschichte der von uns genutzten digitalen »Tools« und Dienste begreifen und sie wie andere menschliche Werke kritisch betrachten, statt sie einfach wie eine Landschaft unkritisch zu besiedeln. Es genügt nicht, sich mitzuteilen und zu vernetzen – man muss es richtig machen und in digitalen Räumen eine Integrität zeigen, die auch andere zu integrem Verhalten anregt. Zudem müssen wir mehr denn je versuchen, Zeit und Methoden zu finden, um ganz wir selbst zu sein; nur so können wir den Reichtum aktueller und überlieferter Kultur ausschöpfen und dem Druck entweichen, den empfangenes Wissen und Gruppenresonanz auf uns ausüben.

Die digitalen Werkzeuge, über die wir verfügen, lassen bestimmte Handlungen leicht und folgenlos erscheinen. Es ist einfacher denn je, andere – oder zumindest ihre digitalen Verkörperungen – zu benutzen und zu missbrauchen; Vorurteile und Unwahrheiten zu verbreiten; in sämtlichen Bereichen von der Sexualität über die Arbeit bis zur Kreativität nur noch reflexiv zu existieren.

Diese Art von Freiheit ist verlockend; doch ist es nicht die einzige Zukunft, die ich online im Entstehen oder in der Tiefenstruktur der digitalen Ära eingebettet sehe. Trotz aller Mängel und Missbrauchsfälle besitzt die Welt heute ein nie da gewesenes, offenes und egalitäres System der Informationsverbreitung, das für die Massen zugänglich ist. Bis heute ist es niemandem und keiner Organisation gelungen, es zu kontrollieren, ebenso wenig, wie ein einzelner Dienst oder Trend – ganz gleich, wie stark sein Reiz oder seine Lobby auch sein mögen – es geschafft hat, sämtliche unserer digitalen Erfahrungen monopolistisch zu bündeln.

Die Zukunft dieser Offenheit zu bewahren und sinnvoll mit ihr umzugehen ist eine Aufgabe für alle; eine Aufgabe, die eine neue Form von Beziehungen zwischen Regierungen, Bürgern, Unternehmen und Mitgliedsgesellschaften erfordert. Nicht alle profitieren auf dieselbe Weise. Mancherorts ist das Deck bereits grotesk überfüllt. Doch sind viele großartige Möglichkeiten noch im Entstehen begriffen.

Wenngleich die digitalen Technologien zur reinen Zerstreuung der Privilegierten dienen können, erweisen sie sich doch bereits als Motor außergewöhnlicher Veränderungen für jene, die bisher am wenigsten Einfluss nehmen konnten: Sie bieten erstmals direkte Partizipationsmöglichkeiten in Nationalstaaten sowie eine Teilnahme an Handel, Kultur, Innovation und Gedanken.

Diese Gemeinschaftsplattform zu begreifen und zu regulieren ist eine historische Herausforderung, die sich Millionen, ja, Milliarden von Akteuren mit zunehmender Dringlichkeit stellt. Doch sind gerade darin unsere größten Probleme und unsere besten Hoffnungen miteinander verbunden: in Online-Communities, Wissens- und Datenbanken oder inspirierenden Präzedenzen auf der ganzen Welt.

Unser digitales Selbst mag außerordentlich verwundbar sein, aber gleichzeitig sind wir selten mehr als einen Mausklick von etwas oder jemandem entfernt, der uns helfen kann – wenn man weiß, wie man suchen und wen man fragen muss.

Schließlich stellt sich die Frage nach unserem eigenen Wesen – und wohin uns unsere neuen Möglichkeiten der Stimulierung und Zerstreuung führen werden. Die Technologie kann Freude bringen und weltweit einen Weg zum Handeln aufzeigen; sie hat aber auch das Potenzial, sowohl einzelne Menschenleben als auch ganze Gesellschaften aus dem Gleichgewicht zu bringen. Um diesen Gegensatz produktiv nutzen zu können, müssen wir zwischen dem zahmen, begrenzten Schauplatz digitaler Freiheit und den oft undefinierten Problemen des Lebens selbst differenzieren. Das eine kann das andere nicht ersetzen, und keines von beidem bietet eine Patentlösung. Dennoch können wir viel darüber lernen, wie man zumindest einzelne Segmente unserer Welt zähmt und die Bürger von heute und morgen besser einbindet.

All diese Argumente und Ansichten wurzeln in einer humanistischen Sichtweise – was meiner Meinung nach auch für alle Fragen des Erfolges gelten sollte. Wir sind der einzige Maßstab unseres eigenen Erfolges – und dieser Maßstab ist etwas, was sich nicht abschließend qualifizieren lässt.

Vor über zweitausend Jahren benutzte Aristoteles das Konzept der Eudaimonie, um menschliches Gedeihen oder Gelingen zu beschreiben. Eudaimonie steht nicht für materiellen Erfolg oder körperliche Freuden, sondern für eine möglichst tugendhafte Lebensführung. Etymologisch besteht der Begriff aus zwei Worten, die so viel bedeuten wie »gut« und »Schutzgeist«; er impliziert somit einen Zustand, der jenem ähnelt, in welchem man von einer göttlichen Macht beschützt wird.

Um das Wesen der Eudaimonie zu beschreiben, griff Aristoteles auf ein anderes, verwandtes Konzept zurück: Arete, die Tugendhaftigkeit. Um das Beste aus seinem Leben zu machen, sollte ein Mensch in den höchsten Formen des Handelns Meisterschaft erlangen. Laut

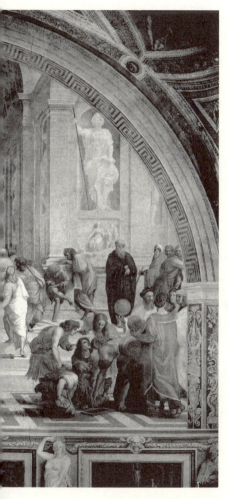

Die Schule von Athen: nachhaltige Lektionen über ein ausgeglichenes Leben, und nicht ein einziger iPad in Sicht.

Aristoteles sind diese die Tugend und die Vernunft: jene Eigenschaften, die den Menschen unter allen Geschöpfen einzigartig machen.

Das Leben tugendhafter Kontemplation bietet für die meisten Menschen heute vermutlich keine befriedigende oder brauchbare Antwort auf die Frage nach dem »richtigen« Lebensstil. Und doch erscheint es in Hinblick auf den aktuellen und künftigen Stand der Technologie offenkundig, dass unsere bemerkenswertesten Errungenschaften und Potenziale immer noch in der geistigen Sphäre liegen; und dass jede Meisterschaft in diesem Bereich eng mit unserer Vernunft und Tugendhaftigkeit verknüpft ist.

Dass wir das einzige Maß für unseren eigenen Erfolg sind, kann man auch anders auffassen, nämlich, dass wir uns gegenseitig das einzige Maß für unseren Erfolg sind. Ähnlich wie jede sprachliche Äußerung hat unsere jeweilige Identität ohne einen entsprechenden Kontext kaum eine Bedeutung. Wir gleichen uns daher permanent mit unserem Umfeld ab.

In den wechselnden Kollektiven der digitalen Welt gewinnt dieser Prozess eine völlig neue Gestalt. Vernunft – eines jener Attribute, die Aristoteles ausschließlich dem Menschen zuschrieb – ist heute auch eine Begabung unserer Werkzeuge: von uns geschaffene Maschinen von stetig wachsender Komplexität, die uns im Gegenzug dabei helfen, uns neu zu definieren. Doch muss uns dieser Vorgang nicht zwangsläufig reduzieren. Vielmehr sollte er uns dazu anregen, immer weiter zu fragen, was uns so einzigartig menschlich macht und uns miteinander verbindet.

Der amerikanische Autor Brian Christian – der sich mit Aristoteles bestens auskennt – schrieb in seinem 2010 erschienenen Buch *The Most Human Human*: »Wenn es etwas gibt, dessen sich die menschliche Rasse seit langer Zeit – wenigstens seit der Antike – schuldig macht, dann ist das eine gewisse Selbstgefälligkeit, eine Art Anspruchsdenken.« Dieses Anspruchsdenken ist in erster Linie intellektueller Natur: Wir glauben, dass unser Geist einzigartig ist und im Universum eine unbestrittene Sonderstellung einnimmt.

Heute wird dieses Selbstbild stärker in Frage gestellt als je zuvor: durch die blitzschnelle Logik und die unendlichen Kapazitäten von Maschinen; durch die digitale Präsenz mehrerer Milliarden von Mitmenschen; durch eine nochmals milliardenfach größere Menge Daten; und schließlich durch die Folgen all dessen für unser Bewusstsein von Einzigartigkeit und unser Handlungsvermögen. Auf der anderen Seite stehen uns Möglichkeiten des Handelns und der Erkenntnis offen, die in der Geschichte ohne Beispiel sind.

Gedeihen und Gelingen bedeutet, diesen Herausforderungen gerecht zu werden. Sind wir der Aufgabe gewachsen? Sicherlich nicht alle, und niemand wohl immer. Heute, in einem Zeitalter zunehmender und nie da gewesener Vernetzung, sind sowohl die Gewinnchancen als auch der Preis eines Versagens höher als je zuvor. Deshalb müssen wir in erster Linie beginnen, gemeinsam zu erforschen, was wir werden können. Frei nach Timothy Leary: *Turn on, boot up, and tune in*.

Hausaufgaben

Die digitale Technologie verändert sich so rasant, dass schwer herauszufinden ist, wo man nach verlässlichen Erkenntnissen suchen soll. Die nachstehenden Autoren und Quellen bilden zusammen einen Großteil des intellektuellen Inputs dieses Buches – und ich hoffe, dass sie auch Sie zum Nachdenken anregen werden.

Einleitung

»The Machine Stops«, eine Kurzgeschichte von E.M. Forster von 1909, ist eine der bewegendsten Darstellungen, was künftige Technologien für die Menschheit bedeuten könnten (*Collected Stories*, Penguin 2001; dt. Ausgabe: »Die Maschine stoppt«, in: *Die besten klassischen Science Fiction Geschichten*, Diogenes 1983).

Das erstmals im Jahre 1934 veröffentlichte *Technics and Civilization* von Lewis Mumford (University of Chicago 2010) war das erste technikphilosophische Werk und bleibt ein historisch wichtiger Meilenstein in der Frage, wie die Nutzung von Technologien uns verändert.

What Technology Wants von Kevin Kelly (Viking 2010) ist ein weit gefasstes, provokatives Buch, das sich mit der Grundfrage beschäftigt, was eine personifizierte Technologie von uns »erwartet«.

Wenn man wissen möchte, wie sich Technikfreaks die Zukunft gerne vorstellen, sollte man einen Blick in deren Hochglanzbibel technologischer Modernität werfen, die Zeitschrift *Wired*.

Die fleischgewordene Vision einer digitalen Zukunft lässt sich in den strahlenden Gesichtern der Menschen erkennen, die in den Apple Stores unserer Metropolen einkaufen.

1 Von der Vergangenheit zur Gegenwart

David Leavitts Biographie von Alan Turing, *The Man Who Knew Too Much* (Phoenix 2007), liefert eine gute Darstellung des Gründungsgenies der Computertechnologie und des historischen Kontextes seiner Arbeit – und der entsetzlichen Traurigkeit, die Turings späteres Leben prägte.

Ein Grundwissen in Mathematik und Philosophie ist für ein Verständnis vieler technologischer Gedanken unabdingbar; eine reizvolle Einführung in beide Gebiete findet sich in dem gezeichneten Roman *Logicomix* von Apostolos Doxiadis und Christos H. Papadimitriou (Bloomsbury 2009).

Marshall McLuhans 1964 erstveröffentlichtes Werk *Understanding Media* (Routledge 2001; dt. Ausgabe: *Medien verstehen*, Bollmann 1998) ist bis heute eine einflussreiche und prophetische Abhandlung darüber, was die mediale Durchdringung für unser modernes Leben bedeutet.

Weaving The Web (Orion 1999; dt. Ausgabe: *Der Web-Report*, Econ 1999) von Tim Berners-Lee – dem Erfinder des World Wide Web – erzählt davon, wie sich die digitale Welt zu dem entwickelt hat, was sie ist.

Snow Crash (Penguin 2011; dt. Ausgabe: Goldmann 2002), Neal Stephensons dritter Roman, erschien erstmals 1992. Die darin beschriebene, mögliche kybernetische Zukunft hatte tatsächlichen Einfluss auf das nachfolgende Denken.

Von allen auf die Zukunft gerichteten Filmen bietet *Minority Report* wahrscheinlich die packendste und vollständigste Vision unserer nächsten Zukunft.

2 »Ja« und »nein« zur digitalen Technologie

Bleibende Weisheit hinsichtlich der Wirkung unserer Werke auf unser Leben findet sich in Platons Schriften, insbesondere in *Phaidros* – verfasst, als das Schreiben selbst noch eine relativ junge Technologie war. Der erste Band von Anthony Kennys *New History of Western Philosophy* (OUP 2010) bietet eine kenntnisreiche, knappe Zusammenfassung von Platons Werk und seiner Zeit.

The Case for Working with Your Hands von Matthew Crawford (Viking 2010; dt. Ausgabe: *Ich schraube, also bin ich*, List 2011) ist ein erfrischender Gegenpol zur aktuellen Begeisterung für komplexe Maschinen.

In *The Nature of Technology* (Penguin 2010) fragt W. Brian Arthur, was Technologie für uns leisten und nicht leisten kann und was sie immer weiter vorantreibt.

The Shallows von Nicholas Carr (Atlantic 2011; dt. Ausgabe: *Wer ich bin, wenn ich online bin*, Blessing 2010) schildert die Vorzüge herkömmlichen Lesens und die Freuden sinnvoll ausgeschöpfter Zeit ohne digitale Geräte.

Die geistreichste Kritik an der digitalen Welt findet sich unter anderem in den Web-Comics auf xkcd.com – Basislektüre für Freaks, die über den Tellerrand schauen wollen.

3 Die Kontrolle nicht verlieren

Alone Together von Sherry Turkle (Basic Books 2011; dt. Ausgabe: *Verloren unter 100 Freunden*, Riemann 2012) bietet einen gut beobachteten Bericht der Auswirkungen aufkommender Technologien auf unseren Alltag und unser Zusammenleben.

Carl Sagans *The Demon-Haunted World* (Headline 1997; dt. Ausgabe: *Der Drache in meiner Garage*, Droemer

Knaur 1997) ist nicht nur eine der scharfsinnigsten Artikulationen rationaler Skepsis, sondern auch der perfekte Leitfaden für menschliche Schwachstellen.

John Lockes *An Essay Concerning Human Understanding* (Oxford University Press 2008; dt. Ausgabe: *Versuch über den menschlichen Verstand*, z.B. Meiner 2000) – das in diesem Kapitel zitiert wird – ist eine brillante Abhandlung über das menschliche Denken. Kapitel 19, »Über die Formen des Denkens«, ist für dieses Kapitel besonders relevant.

Die Internetseite Lifehacker.com quillt über vor guten Tipps, wie man sein eigenes Leben »hacken« und dadurch Produktivität und Zielgerichtetheit erreichen kann.

Wer in seinem Leben eine gewisse Tagträumerei wiederentdecken will, dem seien die Essais von Montaigne ans Herz gelegt, die zu den herausragenden Schriften zwanglosen Geisteslebens in der Geschichte zählen.

Wenn Sie Ihre schriftstellerische Produktion besser in den Griff bekommen wollen, versuchen Sie, sich eine freie Anwendung wie Dark Room herunterzuladen, die sämtliche Bildschirmstimulationen außer den reinen Buchstaben ausblendet.

Gegen digitale Abstumpfung empfiehlt sich ein Besuch des freien Online-Archivs von *Paris Review* mit Interviews von T.S. Eliot bis Umberto Eco; im Internet unter: www.theparisreview.org/interviews.

4 Die Neuausrichtung der Technologie

Das Leben vier »bemerkenswerter« Viktorianer bildet in *The Philosophical Breakfast Club* von Laura J. Snyder (Broadway Books 2011) den Rahmen für die Entwicklung moderner Wissenschaftskultur, wie wir sie heute kennen.

Eine Geschichte der Medienmonopole im 20. Jahrhundert, *The Master Switch* von Tim Wu (Atlantic 2009), zeigt anschaulich, wie wichtig offene Medienstrukturen und die rechtliche Belangbarkeit der Verantwortlichen sind.

Googled von Ken Auletta (Penguin 2009) und *The Facebook Effect* von David Kirkpatrick (Simon & Schuster 2010; dt. Ausgabe: *Der Facebook Effekt*, Hanser 2011) erzählen aus Insidersicht die Geschichten zweier der wichtigsten Unternehmen des vergangenen Jahrzehnts.

Walter Isaacsons Biographie des verstorbenen Apple-Chefs *Steve Jobs* (Little, Brown 2011; dt. Ausgabe: C. Bertelsmann 2011) bietet spannende Einblicke in das Leben einer der treibenden Kräfte der digitalen Gegenwart.

Eine ausgezeichnete Online-Quelle für Themen von Technologie bis Sciencefiction ist der Blog BoingBoing.net.

Die Geschichte auf den heimischen Desktop bringt der bemerkenswerte Service *Early Manuscripts* unter image.ox.ac.uk – der ausgesprochen genaue Scans Hunderter alter Dokumente bietet.

5 Wissensverteilung, Sachverstand und das Ende der Autorität

Zwei Bücher, die ich in diesem Kapitel anführe – Robert Levines *Free Ride* (Random House 2011) und Andrew Keens *The Cult of the Amateur* (Nicholas Brealey 2007; dt. Ausgabe: *Die Stunde der Stümper*, Hanser 2008) –, sezieren provokant die dunkle Seite der ökonomischen und intellektuellen Auswirkungen des Internets.

Ein etwas positiverer Blick auf Vernetzung und digitale Potenziale findet sich in den durch und durch medienaffinen Büchern von Clay Shirky: *Here Comes Everybody* (Allen Lane 2008) und *Cognitive Surplus* (Allen Lane 2010).

Das vielleicht beste Buch darüber, warum am Internet nicht alles schlecht ist, ist Steven Johnsons *Everything Bad is Good for You* (Penguin 2006; dt. Ausgabe: *Die neue Intelligenz*, Kiepenheuer & Witsch 2006).

Convergence Culture von Henry Jenkins (New York University Press 2006) ist und bleibt einer der maßgeblichen Texte, wenn es um die Auswirkungen der neuen Medien auf die Hoch- und Populärkultur geht.

Denjenigen, die sich im Internet gerne mit anspruchsvollen philosophischen Debatten beschäftigen, sei der Blog CrookedTimber.org empfohlen.

Ein perfektes Beispiel dafür, wie das Internet auch die Hochkultur fördern kann, ist der Podcast Philosophy

Bites unter www.philosophybites.com, der Hunderte frei hörbarer Interviews mit den größten lebenden Denkern der Welt bietet.

6 Wie wir uns selbst entmenschlichen

Auf ebenso eloquente wie provokante Art und Weise erforscht *Pornoland* (Thames and Hudson 2004; dt. Ausgabe: Knesebeck 2004) – ein handliches Buch mit Texten von Martin Amis und Fotos von Stefano De Luigi – die Zukunft von Pornografie und Sex und offenbart dabei die Obsessionen unserer Zeit.

Eine andere klassische erotische Reportage mit vielen aktuellen Einblicken ist David Foster Wallaces Essay »Big Red Son«, zu finden in *Consider The Lobster* (Abacus 2007; dt. Ausgabe: *Am Beispiel des Hummers*, Arche 2009).

Iain M. Banks' »Kultur«-Romane – von *Consider Phlebas* (Orbit 1988; dt. Ausgabe: *Bedenke Phlebas*, Heyne 2002) zu *Surface Detail* (Orbit 2010; dt. Ausgabe: *Krieg der Seelen*, Heyne 2011) – sind nicht nur niveauvoller als gewöhnliche SF-Schmöker, sondern auch radikaler in ihrer Darstellung des möglichen Sexualverhaltens einer ausreichend fortgeschrittenen Gesellschaft.

Der 2008 erschienene, von der britischen Regierung in Auftrag gegebene *Byron Review* mit dem Titel »Safer Children in a Digital World« bietet einen praxisorientierten, sachlichen Zugang zu den Gefahren und Mythen der digitalen Jugendkultur. Er kann auf der Webseite des Department of Education gratis heruntergeladen werden: www.education.gov.uk/publications/standard/publicationdetail/page1/DCSF-00334-2008

Wer sich für Themen wie persönliche Freiheit und neue Formen des Flirtens interessiert, stößt immer wieder auf den Klassiker der virtuellen Umgebung, *Second Life*, dessen Erkundung in diesem Zusammenhang nach wie vor lohnend ist. Für den Einstieg ist Tim Guests *Second Lives* (Arrow 2008; dt. Ausgabe: *Die Welt ist nicht genug*, Rogner & Bernhard 2008) nicht schlecht.

7 Spiel und Vergnügen

Play Money von Julian Dibbell (Basic Books 2006) ist eines der ungewöhnlicheren Bücher über virtuelle Welten:

Es erzählt davon, wie die Autorin ein ganzes Jahr lang virtuelle Waren für echtes Geld kaufte und verkaufte – und gut davon lebte.

Greg Bears Roman *City at the End of Time* (Gollancz 2008) ist eine bedrückende Fantasie möglicher künftiger Zivilisationen und ihrer Selbstzerstörung.

Im Film bleibt der erste Teil von *Matrix* aus dem Jahre 1999 eines der beeindruckendsten Werke zum Thema virtuelle Realität; der etwas jüngere Film *Source Code* indes bietet einen emotionaleren – aber trotzdem spannenden – Blick auf die virtuellen Möglichkeiten.

Geistig erweiternde Diskussionen um virtuelle Welten und vieles mehr bietet der Blog Terra Nova unter terranova.blogs.com – die beste Adresse für Expertenwissen und -meinungen.

Wer die komplexen virtuellen Welten selbst erkunden möchte, kann mit Spielen wie *World of Warcraft* oder *EVE Online* viel Spaß haben. *Star Wars: The Old Republic* bietet ebenfalls eine opulente, detailverliebte virtuelle Umgebung.

Gratis-Onlinespiele sucht man am besten über Seiten wie kongregate.com, die Tausende von Amateurspielen und eine mitteilungsfreudige Spielergemeinde zusammenbringt.

8 Die neue Politik

Sovereign Virtue von Ronald Dworkin (Harvard University Press 2000; dt. Ausgabe: *Was ist Gleichheit*, Suhrkamp 2010) macht sich radikal für den Gleichheitsgrundsatz als Grundpfeiler menschlicher Gesellschaften stark – und diskutiert damit eines der zentralen politischen Themen unserer Zeit.

Die großen moralischen Herausforderungen des 21. Jahrhunderts sind selten sprachgewandter formuliert worden als in dem Buch *The Life You Can Save* (Picador 2009; dt. Ausgabe: *Leben retten*, Arche 2010) des Philosophen Peter Singer.

Die effektivste zeitgenössische Demontage von Utopien im Umfeld digitaler Technologie und Politik ist Evgeny Morozovs *The Net Delusion* (Allen Lane 2011).

Eine weitere hilfreiche Polemik ist Eli Parisers *The Filter Bubble* (Viking 2011; dt. Ausgabe: *Filter Bubble*, Hanser 2012), das hinter die Kulissen von Datenspeicherung und Anwenderanpassung blickt.

Cory Doctorows Essaysammlung *Context* (Tachycon 2011) bietet einen sehr gut informierten Überblick, wie digitaler Aktivismus bestenfalls aussehen kann.

Etablierte Kontexte zu Fragen der menschlichen Natur stellt der Blog des Wirtschaftswissenschaftlers Robin Hanson, Overcoming Bias, unter www.overcomingbias.com in Frage.

Schluss

Für alle, die sich mit der Frage beschäftigen, wie man sein Leben in der Gegenwart gut gestalten kann, bietet Richard Holloways *Godless Morality* (Canongate 2004) einen knackig formulierten, informativen Einstieg in Grundlagen der Ethik.

Zu den philosophisch und literarisch anspruchsvollsten Technologiebüchern der letzten Jahre zählt *The Most*

Human Human von Brian Christian (Viking 2011). Es handelt davon, wie der Autor an einem alljährlichen »Turing Test« teilnimmt. In diesem wird überprüft, ob eine Maschine ihren Gesprächspartner glauben machen kann, sie wäre menschlich.

You Are Not A Gadget von Jaron Lanier (Allen Lane 2010; dt. Ausgabe: *Gadget: Warum die Zukunft uns noch braucht*, Suhrkamp 2010) ist ein kurzes, leidenschaftliches Manifest darüber, was Technologie und Menschheit bedeuten sollten.

Eine der besten literarischen Abhandlungen über unser begrenztes Verständnis angesichts unendlicher Möglichkeiten ist Stanislaw Lems 1961 erschienener Roman *Solaris* (Neuauflage: Faber & Faber 2003, dt. Ausgabe: Suhrkamp 2009).

Ein verstörendes Bild davon, wie das Ende aussehen könnte, entwirft Greg Egans in seinem Siencefiction-Roman *Diaspora* (Gollancz 2008, dt. Ausgabe: Heyne 2000) – die Vision einer technologischen Zukunft, in der das gesamte Universum aus den Fugen gerät.

Bild- und Textnachweise

Der Autor und der Herausgeber danken folgenden Einrichtungen und Personen für die freundliche Abdruckgenehmigung in diesem Buch:

Bildnachweise:

Seite 14: Datenwolke © Jeffrey Coolidge / Getty Images;
Seite 25: Hieroglyphen © De Agostini / Getty Images;
Seite 29: Milchstraße © Design Pics Inc. / Alamy;
Seite 42–43: Dempsey gegen Carpentier © Corbis;
Seite 54: Zeigerlose Uhr © Aaron Foster / Getty Images;
Seite 62: Vase/Gesicht-Illusion © John Woodcock / iStockphoto;
Seite 71: Phrenologie © World History Archive / Alamy;
Seite 77: Mein Notizbuch © Antony Irvine 2011;
Seite 86–87: Silicon Valley © Ian Philip Miller / Getty Images;

Seite 95: Netzhaut-Scan © James King-Holmes / Science Photo Library;

Seite 105: Panthéon in Paris © Andrew Ward / Life File / Getty Images;

Seite 133: Erotische Postkarte aus den zwanziger Jahren © IBL Collections / Mary Evans Picture Library;

Seite 158–159: Internet-Café © Martin Puddy / Getty Images;

Seite 173: Occupy Seattle © Marilyn Dunstan Photography / Alamy;

Seite 182: CCTV © Gillian Blease / Getty Images;

Seite 198–199: Schule von Athen © SuperStock / Getty Images;

Seite 222: Alain de Botton © Vincent Starr;

Seite 223: Tom Chatfield © Tim Bedingfield.

Textauszüge:

Seite 11: Kevin Kellys blog: www.kk.org/thetechnium/.

Seite 70, 72: *The Shallows*, Nicholas Carr (W.W. Norton & Co / Atlantic 2011).

Seite 111 f.: *Free Ride*, Robert Levine (Random House 2011).

Seite 127: Vorwort zu *Crash*, J.G. Ballard (Jonathan Cape 1973).

Seite 179: *The Net Delusion*, Evgeny Morozov (Perseus Books / Penguin / Brockman 2011).

Seite 180 f.: *The Master Switch*, Tim Wu (Random House US / Atlantic Books / Janklow and Nesbit 2009).

Seiten 201: *The Most Human Human*, Brian Christian (Random House/Viking UK 2010).

Über den Herausgeber und die School of Life

Alain de Botton, geboren 1969 in Zürich, ist Philosoph und Autor internationaler Bestseller wie »Trost der Philosophie« oder »Wie Proust Ihr Leben verändern kann«. Leser lieben ihn für sein Talent, philosophische Ideen auf populäre Weise verständlich zu machen. Alain de Botton lebt mit seiner Frau und seinen zwei Söhnen in London.

Die **School of Life** wurde 2008 von Alain de Botton in London begründet und bietet Veranstaltungen rund um die Themen Philosophie, Persönlichkeitsentwicklung, Literatur und Kunst an. Sie hat sich der Beantwortung der großen Lebensfragen verschrieben: *Wie können wir unser volles Potenzial entfalten? Kann Arbeit erfüllend sein? Was bedeutet Gemeinschaft? Wie können Beziehungen ein Leben lang halten?* Sie maßt sich nicht an, auf alle Fragen die gültigen Antworten zu wissen. Doch sie bietet eine Fülle von klugen und hilfreichen Anregungen für ein Leben mit Sinn.

Über den Autor

Tom Chatfield ist Autor und Spezialist für neue Technologien und hat bereits mehrere Bücher zum Thema veröffentlicht. Er arbeitet als Berater für Unternehmen wie Google und Six to Start und hat Vorträge auf dem World IT Congress gehalten; für die BBC verfasst er eine regelmäßige Kolumne. In seiner »Offline-Zeit« schreibt er erzählende Literatur und spielt Jazzpiano. Mehr Informationen unter www.tomchatfield.net.

»In einer Zeit der allgemeinen Orientierungslosigkeit ruft das Lebenshilfebuch danach, neu gedacht und rehabilitiert zu werden. Die *School of Life* ist stolz darauf, seine Wiedergeburt ankündigen zu dürfen – mit einer Buchreihe, die konkrete Hilfestellung bei den wichtigen Lebensthemen bietet, dazu gehören Liebe, Geld, Gesundheit, Arbeit, neue Technologien und der Wunsch, die Welt zum Besseren zu verändern.«

Alain de Botton, Herausgeber

Weitere Bände der Buchreihe in derselben Ausstattung:

Alain de Botton
Wie man richtig an Sex denkt
224 Seiten, mit s/w-Abbildungen, Flexobroschur
ISBN 978-3-424-63064-0

John Armstrong
Wie man gelassen mit Geld umgeht
224 Seiten, mit s/w-Abbildungen, Flexobroschur
ISBN 978-3-424-63061-9

Philippa Perry
Wie man den Verstand behält
224 Seiten, mit s/w-Abbildungen, Flexobroschur
ISBN 978-3-424-63065-7

Roman Krznaric
Wie man die richtige Arbeit für sich findet
224 Seiten, mit s/w-Abbildungen, Flexobroschur
ISBN 978-3-424-63066-4

John-Paul Flintoff
Wie man die Welt verändert
224 Seiten, mit s/w-Abbildungen, Flexobroschur
ISBN 978-3-424-63068-8

Kleine Philosophie der Lebenskunst
Herausgegeben von Alain de Botton

978-3-424-63061-9

978-3-424-63064-0

978-3-424-63065-7

978-3-424-63066-4

978-3-424-63067-1

978-3-424-63068-8